JN044409

20代初め頃の金教臣

韓国無教会双書　第５巻

日記２
１９３５―１９３６年

金教臣著

金振澤・他訳

皓星社

目次

凡例

一、本巻は『金教臣全集』五巻（耕智社・ソウル）の「一九三五年から一九三六年」の日記の、金教臣の文章と掲載された読者の手紙の一部を翻訳したものである。著者は一九三〇年五月、第十六号から『聖書朝鮮』誌の主筆として、単独で編集・発行を担当して以来、その時々の出来事と感想を「城西通信」として第八十五号（一九三六年二月）まで、第八十六号（一九三六年三月）から「聖朝通信」として掲載していた。

一、難読の用語にはルビを、理解のむつかしい用語には（訳註・）（編註・）として短く説明をつけた。

一、本文中、聖書の引用は原則として、日本聖書協会発行の「口語訳聖書」（一九五五年改訳）によった。

一、文中、現在では不適切とされる用語を使っているが、当時の表現として原文どおり使用して「癩病（ママ）」「南鮮（ママ）」のように表記した。但し頻出するものは初回のみに留めた。

一、一九三八年九月以降、朝鮮教育令によって養正高等普通学校は名称を養正中学校と改称したので、以後、養正中学校と記述してある。又、「養正」「養正学校」と使う場合もある。

一、著者などが毎年年末から年始にかけて行っていた聖書集会について、原文では「冬季集会」や「冬期講習会」、「冬期聖書集会」などその時により、いくつかの名称が使われているが、本書ではすべて「冬期聖書集会」に統一した。

一、本巻の本文中、物の値段がふれられているが、今のわが国で、どの位の金額になるか参考までに例示する。ただし、朝鮮と日本とでは物価その他の差もあることを考慮すべきである。

（例）一九三五年当時の日本の大学卒業者の初任給が九十円、米十キロ（標準米）が二円五十銭。日本銀行金融研究所貨幣博物館によると、物にもよるが、当時の一円が現在の二千円から三千円に相当するとのこと。なお、朝鮮では紙幣は朝鮮銀行券と日本銀行券が使われ、交換比率は一対一。ただし、朝鮮銀行券は朝鮮のみ使用。硬貨は共通であった。

一、朝鮮の地方行政区域は、道・府（市）・郡・島・邑・面・洞・里であり、邑は人口二万人以上五万人以下の行政区域。一九三四年四月当時、十三道十四府・二一八郡・二島、五邑。二三七四面であった。一九三六年四月一日より、京城府（市）行政区域の名称が改正され、〝洞〟が〝町〟に替わる。

一、朝鮮の距離の単位は、里（一里は四〇〇メートル）の他にキロ・メートルも併用、その他、面積や重さなど、日本と同様である。

一、「日記」の翻訳の半分は金振澤が、残りの半分は、砂上麻子・遠山明夫・森山浩二が手分けして訳し、全体の調整を森山が担当したものである。

日記2　一九三五年―一九三六年

一九三五年

一月

一月四日（金）　午前で冬期聖書集会を終わってしまうと、いささか両肩が軽くなっていくのを感じる。二年続けて、朝鮮で有名な梧柳荘の山の下で真理をもって旧年を送り、新年を迎えた。我々の幸福は分に過ぎるものであったが、我々の幸福というのは世の中で称する幸福だけではなく、某氏の言葉のように「大学の講義をするところが大学だ」とすれば、梧柳洞での一週間は、要求し得る最適最高の史学講座であった。

昨年同様、「聖書的立場から見た朝鮮歴史」（以下、「朝鮮歴史」と略記することあり）を学んだし、今年は同じように「聖書的立場から見た世界歴史」（訳註　以下、「世界歴史」と略記することあり）を学んだが、我々が恐れを禁じ得ないのは、我々にそれぞれの才能に従って五タラント、二タラント、一タラントを与えられた主キリストが、後日、預けて置いたものを取り戻されると言われたその日に対する不安である（マタイ二五・一四以下）。宇宙と歴史の運行に関して、このように明瞭に到着点を教えられた後に、なお惰眠を貪るならば、我々は大禍を免れ得ないからである。

一月五日（土）　午前八時の汽車で、咸錫憲先生は五山に帰った。咸興の李鎮英氏上京して来る。李賛甲氏の道案内で、市外の弘済外里にある金柱恒氏の農場管理の仮小屋を訪ねる。

恩平面内の青年指導と農村講習所などの事業に多忙であると言いながら、主人は「世の中に、失業したと言って、なすことなしに退屈がっている人たちの気持が分らない」と。そして、地方はもちろんのこと京城市周辺の農村だけでも、大学卒業生数百人が働けそうな仕事はざらにあり、恩平面内の青年指導だけでも中等学校卒業以上の学力をもつ青年数十人を必要とする状態であると。新家庭の幸運を祈りながら辞去した。

一月六日（日）　校命によって劇場（映画館）で生徒の出入りを監視する日なので、夕方、新築後の団成社に入場すると、二階も満員であり一階も立ち見せねばならない大盛況。館内の空気がよくないため、一時間もしないのに頭痛を起こした。職務上の義務でなければ三十分でも耐えられない事であった。

しかし、偶然にも今日の映画は教育的意義を多分に含んだ「母の手」というフランスの名画であった。主人公ローズという女性の保母としての涙ぐましい働きには、何遍も感涙にむせばずには見られなかった。生まれつき笑うことを知らない逆境の幼児に、笑うことを教える保母の温情！　意志疎通が不可能な子供への愛と信頼をかち得た教師の愛！

私が生徒の中の不良の者をどれほど真心から愛していたかを考えると、限りない懺悔の涙が胸にこみ上げてきて、涙をこらえるのに苦労したせいで、目的として来た生徒の監視の任務に忠実でなかったばかりか、こんな名画だと知っていたなら、全校生徒と幼稚園以上の各学校の教師たちや各家庭の父母たちと一緒に観賞しただろうと、後悔しながら帰って来た。世の中で評判のトーキー（発声映画）も、これが初めてであった。

一月十日（木）　仁川の誌友から佳き便りに接して、疲れが取れ、元気を回復する。

私たちの主の愛と恩寵の中に、先生が心身ともにお元気で過ごされ、ご家族の皆様もお変わりなきことをお祈り申し上げます。私は『聖書朝鮮』を読むたびに、私たちの主の限りない恩恵と生命と力の働きがいつも先生と共にあることをより切実に感じて感激の心を禁じえず、私の幼く弱い霊は、我が主をさらに思慕する心が切実になり感謝するばかりです。『聖書朝鮮』を通して、人間の中で生きて働かれるイエス・キリストを見る者をこの国土にさらに増やして下さり、生命に出会うようにしてくださるよう切に祈り求めます。（下略）

一月七日　　○○○拝上

次は始興から、

（前略）わたしと一人の兄弟は共に過ごしてきましたが、長老教会の伝道師として教会を担任中、平壌神学に傾倒し、科学を研究しようとわたしを誘っていましたが、今回『聖書朝鮮』を貸したところ、一読してその不信に気づき、降参したのです。それまで知識によって伝道し、見せかけで農村の信者を慰めようとしていたことを告白いたしました。このようになってみると、やはり『聖書朝鮮』誌を読んでも悟ることのできない者は、この世的に心が満たされている者であり、疑い深い心の持ち主であることに間違いありません。『聖書朝鮮』誌が広く半島全土にゆきわたり、真正（まこと）の朝鮮教会がその上に据えられんことを切に祈願いたします。それではこれで筆を置きます。

一月八日　　○○○上書

一月十一日（金）　暁の空に、火星、木星の光がいっそう鮮やかだ。

一月十三日（日）　午前十時に「ムレサネ」（編註・直訳すれば「水に山に」だが、一九二〇年代に当時の知識人たちが提唱した、グループで朝鮮半島の山河を巡りながら文化遺跡を探査する運動）。白蓮寺の中に入って見学する。還暦の老婆の生前供養に出会った。その費用が白蓮寺に納めた額だけで約千円なり。最近、これと類似した儀式がキリスト教会内にまでも侵入してきており、情けないことだ。午後七時に、府内宗橋礼拝堂で説教する。李徳鳳先生の助っ人としてであったが、準備不足で申し訳ないかぎりだった。市内の教会の時間厳守に驚く。

一月十五日（火） 昨日来の雨が、夜中に白雪に化して積もる。すべてが新しくなった。虹が出るたびに、雪が積もるたびに、我々の心は躍る。理科の教科書になんと説明されていようといまいと、我々は年毎に驚嘆また驚嘆！ 今日から気温は急降下。

一月十六日（水） ヨーロッパではザール地方の人民投票の結果、ドイツ復帰が確定したと大騒ぎである。ソウル鍾路ではＹＭＣＡの総務と副総務が総辞職した、とあちこちでとかくの噂。

一月十七日（木） 在満州新京の同胞からの悲痛な手紙に接する。理不尽なことにじっと耐えてこそ生きることができるということを実際に経験した。親・兄弟の目には悪魔の頭目のように見えるときに、霊的親族には別の見方もできると教えてやって、彼はやっと自暴自棄の難を逃れる。

一月十八日（金） 世界的に名高いドイツのボン大学神学教授カール・バルト氏は、教室で講義中にヒトラー総統に敬意を表さなかったという理由でついに罷免されたと、ロンドンタイムズ紙が報ずる。狂乱また狂乱である。今日、意外にも東京に留学中である某君から次のような便りがあった。

先生が送ってくださった『聖書朝鮮』を読ませていただきましたが、中学時代の頃の事がはっきりと思い出されます。先生に小生の不徳をなんと伝えたら良いでしょうか。義務は人としてなすべき唯一不滅の大道であり、人間らしい共通の道でありますが、誰であれ人である以上実践できない事は、古今東西を問わず全く同じであることが忘れられません。しかし、英国のネルソンはフランスの侮辱を撃破した時に義務を果たしたのであり、日本の東郷は露国の海軍を撃破した時忠誠を尽くしたと言われますが、義士を表す言葉がピタリであります。私は今になってこの義務感を軽視していたことを、はっきりと痛感いたしました。（中略）『聖書朝鮮』を読ませていただいておりますので、先生と対面して教えを受けているのと少しも変わりはありません。時々『聖書朝鮮』を読む時、中学時代に教えさとして下さった先生の尊顔が思い出されます。

門下生〇〇〇上書

思想、主義の違いの致すところであったと再三謝りながら、誌代一年分まで送ってきた。教育を悲観しがちな教師にとって、百に一つ、数百に一つの割合で受けるこのような手紙を読んで、大変嬉しかった。思うに、教師の態度は昨今と違うことはないが、指導される人々の年齢がだんだん上がり学識と徳業が蓄積されるほど、以前は悪童のように見えていた生徒も、親しく尊敬できる先生に変化して見えることが感慨の第一であり、「冷たいか熱いかのどちらかであるべきであり、半熱半冷が一番憎い」ということが、特に青年期の生徒たちに該当する定義であるというのが感慨の第二。思想とか行動とかで中途半端な人物には大きなことを期待することはできない。唯物主義者とて必ずしも我々の敵ではない。先ずは凡ての事を徹底して行うべきである。

一月十九日（土） 夜十一時から夜中の二時頃まで皆既月食を観察する。某伝道者の便りは次の如し。

先生、お変わりございませんか。私は数日前に来ましたが、奥地へ行く道は遠く、交渉してみましたが約束したようには、十分働けないままに帰ってきました。後の機会に回します。心だけは先生が刊行される伝道文書の配布に協力したい気持は切実でありますが、思うようには行かず淋しいです。今、神学を学ぶべきか心の十字路で彷徨（さまよ）っています。日本語がうまくできず学校へ入るのも難しく、歳もすでに二十五歳になりましたので、独学で研究して先生と苦しみを共にする考えもなくはありませんが、現在『聖書朝鮮』誌は私の無二の友達であります。

と。福音を伝えるところにはどんな種類であれ、免許状のような資格は必要でないだけでなく、時には有害にもなるようだ。たしかに、多数の先輩に従い、既設の神学校に通って牧師になる道は平坦な道であり有利な道である。しかし、『聖書朝鮮』誌で学びながら、独学独歩しようとする事は狭い道であり、険しい道であり、終生、人間としては不利な伝道地域を徘徊しなければならない道であるから、人としては左右を決めることが、本当に困難な十字路である。このような時にぶつかり、我々は専制軍国主義の民衆を羨む事切なるものがある。絶対命令があり絶対服従することのできる者は、幸いなる国民である。

一月二十日（日）　南海岸の孤島にいる誌友から「良書を受け取って見る者も幸いであるが、良書を宝物のように受ける友を持つ者も幸いであることを学びました。云々」。人生の悲痛なる叫びである。

一月二十六日（土）　午後、朝鮮博物学会の例会に参加すると、分類学者の蝶類分類に関する議論は盛りあがった。蝶の羽の斑点が五つだ六つだというのが大問題であった。

万事に専門家になろうとすれば、これほどまでに緻密にならねばならないようだ。また、専門家同士論じてこそ熱気が出るようだ。

朝鮮語研究の派閥争いがそうであり、エスペラントの分派がそうであり、共産党内の党派争いがそうであり、牧師と住職たちの宗派争いがそうであり、画家・書道家のそしり合いがまたそうであるが、所謂（いわゆる）スポーツ精神を誇る運動競技も一歩半島に足を踏み入れれば、京城サッカーチームと朝鮮サッカーチームが伝統的に対立しているし、朝鮮ハンドボール協会と基督教青年会とが暗闘せずにはおかないなどなど、それこそ枚挙にいとまがない。要するに専門家にならないこと。「素人」の初心を保持すべきこと。平信徒というのは、要するに「信仰界の素人」である。平信徒で終始したいのが我々の願いであるのは、こうした「初心」を忘れないためである。

一月二十七日（日） 午前九時の汽車で梧柳洞に行く。ローマ書第一章十六節、第一コリント書第一章十六節などにより神の力、戦勝の信仰を語る。帰途、永登浦まで歩く。これも「ムレサネ」である。

今夜七時半ごろ偶然、ソウル鍾路にある和信商会が全焼する光景を近くで目撃した。たいそう偉観だった。出火後三十分足らずで、あの半島に君臨する百貨店がすべて火の塊となった。科学的な最新器具と組織的訓練の粋を尽くした消防団が、府内外から寸秒を争って出動したのだが、砂糖のかたまりに群がる蟻の群のように動きまわるだけで、徒手傍観している者とたいして違わず効果はなかった。電線が切れる瞬間、既にソウルの心臓部が暗黒の世界に変り、火花だけが天を衝いて南山と仁旺山が互いに照射するようであった。また、老人幼児と共に避難する者、救助しようと駆け回る者、そこに我々のような見物人たちと、非常線を守ろうと居丈高に立っている警官たちがいた。

三十分前に、どこの誰がこの光景を予測し得たろうか。万事が瞬間、瞬間である。目に見える和信商会をして、京城や地方にチェーン店を展開し、化粧品を買わせる目に見えない心の中の和信商会、虚栄心の都市、私の内にあるものと半島の山河にしみついた虚栄心の塊を、聖霊の巨大な火をもってあのように焼き尽くす日もあるだろう！

一月三十日（水） 慶尚北道醴泉から張道源牧師に復興会（訳註・リバイバル集会）を導いてくれるよう

強い要請があったので、これを張牧師に伝えて勧める。

一月三十一日（木）　今日は日没後の西空に金星、土星、水星の三大遊星が接近するのを観察する。特に水星は珍客だ。

二月

二月一日（金）　東京の永井久録氏宅火災の報を持って宋斗用兄が来訪。篤信者の家庭に災禍が絶えないことに驚き、こんな時ほど友情の貴さを見て感謝する。今晩も西空に三遊星が並んだ。

二月三日（日）　昨夜当直で養正高等普通学校に泊まり目が覚めると、今日は旧暦の大晦日であり、また私の生後第一万二千三百四十五日（訳註・咸錫憲の恩師の東洋思想の碩学であった柳永模が年齢を日数で数えていたその影響による）に当たる日である。窓外に見える蓬莱の丘の上に、数センチの白雪が大地を覆って、恩寵の豊かなるを指し示されるのか？

十字架の贖罪の純潔を新たに記憶せよと言われるのか？　平凡であるといえば毎日全てが平凡なものであり、不思議であるといえば私の生涯の一万二千三百四十五日の日々が不思議であり、その前日とその翌日がまた新しく不思議でないものはない。

蓬莱町の街路に出ると、雪で滑って水桶をひっくり返し悔しがる若者、餅を入れた木盆を崖の下に落として恥ずかしくて赤面する少女など、旧い年を送る悲喜劇。例のように「ムレサネ」。西大門外の方へ約十キロ歩き、同行した生徒たちに自家製の焼き餅を分配して、誕生後一万二千三百四十五日を自ら祝した。今日の感想は巻頭の言（編註・『聖書朝鮮』七十四号「第一二三四五日」参照）と同じであるが、その思想に関しては、京城の柳永模先生と、東京の丘浅次郎博士から示唆を受けたところが少なくないことを告白せざるを得ない。そして、高貴な思想を抱いても容易に語りも執筆もしない人たちは、実際のところ、物質的守銭奴よりもっとひどい者たちだ、との不満が胸につのるのを隠すことができなかった。

二月四日（月） 旧暦の正月元日だといって、各学校も休校、あるいは短縮授業をして、年始回りの群は府の内外に長蛇の列をなす。博物室で午後四時半まで仕事をしながら、時には自分を嘲笑し、時には世の中に対し憤慨する。

朝鮮人の頭骨は野蛮人種のものと同じだ、と発表した学者に向っては憤怒を抑制できず、威張っていた民が二十世紀も半ばが過ぎて行く今日、今なお太陰暦を使用して野蛮未開の人種という看板を自らもって歩くだけでなく、旧暦で年越しをする人だけがソウルの両班（訳註・高麗・李朝時代の特権的な支配階層）であり民族主義に忠実な人であると言うが、これは、あたかも高麗末の鄭夢周か李朝中葉の成三問（訳註・李朝の文臣、学者、前王の復位を図り、処刑される）のように処しようとする時代錯誤的教え方であり、このような輩（やから）がうようよする様は、とても見るに堪えず、これもまた「無用な興奮」（訳註・本双書第2巻一六〇頁以下を参照）であろうか？　もちろん、屋根の上ではなかったが、過ぐる元日に文章を読み仕事をしたから、これまた偽善者であろうか？

二月六日（水） 担任の組の生徒（二年生）たちの日記を閲読して深く感動した。十七、八歳（訳註・数え年）になる彼らの中には実に畏るべき奮闘努力する者もおり、鋭敏な良心に苦痛を受けている者がおり、彼らに親しみ近づいて行けばいくほど、彼らを尊敬せずにはおれない。

将来の偉人達を彼らの中に見る時、自分自らに鞭を加えざるを得ない。少なくとも彼らの担任教師の役目を果たす間だけでも、私も奮発して「温故知新」に努めることを決心せざるを得ない。

今日、鄭相勲兄から神学知識の修学に関する指導を受け、これに回答した。鄭兄の数多い書籍を預かっていても、門外漢の自分には、あたかもフランス軍が初めてルール地方を占領した時のように、その活用の方法を知らなかった。今年度はパウロ書簡を勉強すると同時に、多少とも神学の基礎を学ぶために、これらの書籍をひろく閲覧利用しなければと思う。

二月七日（木）　早朝四時に起床する必要はなかったが、下宿部屋の冷たい床で頑張っている若い生徒たちのことを思って起きた。夜中の最低気温は零下十四度九分。この冬の最低記録。高敞高等普通学校の金校長からの葉書に、

　金兄、主の恵みが豊かであることを知り感謝します。（中略）印刷に至るまで少なからぬ苦心をなさる兄の文章を読んで見ると、平素の推測が間違いでなかったことがわかりました。しかし、なによりも痛切な感想は、現在、この世で貴誌を見ることは、ゴミ箱の中から真珠を探り当てたような感激です。云々

　二月四日　　　弟　金宗洽　曰

お叱りを受けるのではないかと恐れていたのに、お褒めにあずかり、先ずは安心。

二月八日（金）　子どもたちが百日咳にかかり、医学博士二、三人と高名な漢方医の何人かに診てもらっても原因が分からず、やむをえず投薬だけをしてもらったが、正確な治療方法はまだ発見されていないと言う。驚愕焦慮（きょうがくしょうりょ）、百日咳のように多くの児童らがかかる病に、今だ治療法がないとは！

二月十日（日）　「ムレサネ」。清涼里外の東九陵一帯の山に登り一周しながら、興味深い噂は、現在東九陵となった地帯は、元来、朝鮮国の開国の功臣の南向の墓地に選定した所だったが、李太祖が無理に奪い取り、自分たちの墓地にしたというのと、自分の墳墓を確定してやっと心中の心配を除いたというので、「忘憂里」という里名を制定したということ

である。

英雄の勇気と戦略が後にその開国功臣の墳墓（ふんぼ）の地を奪い取るのに傾注され、一国を占有した者が数町歩（訳註・町歩はヘクタールに等しい）の臣下の所有を奪ったのだから、金持が貧乏人の一匹しかいない羊を奪ったのと同様であろうか。

イエスが「まず、神の国と神の義もとめなさい。そうすれば、これらのものは、すべて添えて与えられる」（マタイ六・三三）と言われ、「一日の苦労は、その日一日だけで十分である」（マタイ六・三）と言われたのに、彼らはどうして死後の墳墓の地のことを心配したのか。生前にしたことも自分のことだけであり、死後のためにしたことも自分たちの心配だけであるから、情けないことではないか。ホレブ山で亡くなったモーセ、空に昇ってしまったエリヤ、アフリカの密林中で倒れてしまったリビングストーンなどを連想する時、彼らの大なるとこれの小なるは天と地の差だけだろうか。恥ずかしさが我々の中に沈みこむ。

二月十二日（火） 百日咳が酷（ひど）くなって三児が同時に咳き込んだり吐いたりして、まことに見るに堪えない。治療の方法もないので、咳一回でも代わってやることができればと思いながら、回復を祈るだけである。

二月十三日（水） 願いが叶ったのか、本格的に自分自身の咳が始まった。しかし、子供たちの咳は未だ治らない。水原からの便りに、

水原の半月面で貧しい家庭の児童教育と農村婦女子の文盲退治に努力していた崔容信嬢が、二十三歳のうら若い年で世を去った記事が、一月二十七日の『中央日報』に、「水原郡下の先駆者」という題目の下に報道されました。若い女性として、特にうら若き身であらゆる迫害と苦難の中で、ひたすら主の福音を伝え、また朝

鮮民族の暗い目を開かせることに一生を送った崔嬢、その麗しい高貴な一生を回顧して、自ら祈りと熱い涙を止めることはできません。

腐ったこの世、悪の蔓（つる）が全地球をおおいつくして伸びて行くこの時においてさえも、人の愛と高潔な心情が高貴で麗わしいと考える人であれば、たとえ現代人に時代錯誤と言われようと、その人には確かに崔嬢も世の中で高貴で麗しい宝であります。

運動競技で世界記録を破ることだけで騒ぎ奔走するこの時代に、外国の豚小屋にも及ばない農村の中で、咲いて散った高貴で麗しい崔嬢の記事を感激して読んだ人が何人いるでしょうか。いたとすればこの世の人たちには、これまた知恵の足りない者であり、時代錯誤者としか映らないでしょう。しかし、私には朝鮮にもそのような認識不足と時代錯誤の愚かな人がもう少し出てくることを祈らざるを得ません。算盤（そろばん）のはじけない愚かな人が、もう少し出てくることを祈らざるを得ません。しかし、このような愚かな人が時たま世に現われても早く世を去り、あるいは病床に臥すので、私自身考えが狭く信仰が薄い者で、ただ悲しむばかりです。

と。まことに朝鮮的英雄は、一に飛行士、二にマラソン選手、三にボクシング選手、四にスケート選手などなど。甚だしきに至っては、女学校の生徒までが右記の崔嬢を手本にしようとはせず、日夜某選手の名前三字を書き写して座っていたというから、情けないことこの上なし。

二月十四日（木）　私も咳がひどいため、やむを得ず終日臥床服薬。張道源牧師から来信。病床での春の光と和やかな風がことさらありがたい。

二月十六日（土）　連日咳がひどいので、眠ることもままならず。横になることができずに座ったまま夜を過ごし、多くの呼吸器患者の苦痛を味わう。思い通りにいかない身体を思うにつけ、気管と肺臓をいっぺんに吐き出してしまいたいとさえ思うほどだが、患者の苦痛は病よりも心にあることを改めて思い知らされた。

先月号の冬期聖書集会の記録の中に、咸錫憲先生の「世界歴史」の目次が組版までできていたのに、紙面の不足のために校正の段階で削除された。記録筆記をした柳達永君がとても残念がっており、そんな事情を誌友に詳しく説明するつもりだったが、それすら載せる余白がなかった。その他にも柳君の文章の中から数行を縮小せざるを得なかったが、これは全く紙面の関係上、編者が任意に処理したものである。主筆の「マルコ福音書研究」は昨年の「マタイ福音書の研究」とともにより詳細に記述しようと思ったが、「聖書概要」として一書一講を連載中なので、先ずは黙示録までの概要をいったん完結させてから、再度部分的に詳細な研究に入ることとし、今回は簡潔を旨とした。

わが主キリストが許して下さり今年末にも冬期聖書集会を開かせて下されば、咸錫憲先生には「キリスト教会史」を講じられるように請うたから、朝鮮史、世界史の次に展開される当然なテーマとして、我々が探求すべく期待してやまないところである。

主筆はパウロ書簡を読み報告したいが、これは特にパウロ書簡に対する深い研究があってのことではなく、主筆の聖書研究の過程が、共観福音書の次にパウロ書簡を勉強する予定であったためである。

二月十七日（日） 気管支炎に罹って本格的な咳で一晩中座して過ごしたが、午前三時頃になってようやく、咳の疲れに勝てずに暫しの睡眠。約束していた教会での日曜礼拝の説教の責任を全うすることができず、申し訳ない。

二月十八日（月） 吸入器の使用と薬の服用が効を

奏したのか、咳は少しよくなる。子供たちの百日咳は一進一退の状態。

今日偶然な機会に、朝鮮ＹＭＣＡ改革に関する各界名士の意見を満載した雑誌を一瞥したところ、その中に尤もらしい意見はただ一つあるのみ。それはアメリカの補助金を拒絶して、「断固として独立自治をせよ」というのである。しかし、こうした人間らしい正論をキリスト教界の人士から聞くことができず、むしろ背教者だと言われる一般社会人側から聞くとは、なんと悲痛な事実であることか。

二月十九日（火）　数日ぶり、昨夜になってやっと通常時のように横になって一夜を安眠する。朝になって、互いに「アンニョンハシムニカ」（訳註・安らかに眠れましたか）と挨拶する意味の何たるかをいまさらのごとく悟らされた。一夜の安眠が実のところ大いなる恩恵であることを知った。

二月二十日（水）　東京滞留中の趙（編註・趙誠斌）君からヨハネ福音書の試訳とともに以下のような便り。

> 謹んでお手紙します。ヨハネ福音書の試訳をお送りしますので、御高覧ください。試訳というよりは下書きと言ったところです。英単語を辞書で見て複数の意味を取り出して、先生のところに行ってどれを選ぶべきか尋ね、さらに先生から他の意味を教示されて訳すという方法をとりました。ご多忙の先生の手間を少しでも減らそうと、もう一度清書して送ろうと思いましたが、入学試験のような今回の試訳が心配で、そのまま送りますので、お手数ですが、手を入れてご返送いただければ、それを参考にして、春休みにヨハネ福音書の全部を翻訳してみます。あくまでも私のヨハネ福音書になることでしょう。しかし、それは望むところです。（下略）。

ここで趙君が「先生のところに行って云々」というのは、特にヨハネ福音書研究に通じている浅野猶三郎先生のことだ。したがって試訳は、新進趙君の訳であると同時に、老大家である浅野先生との共訳であるといってよいだろう。不完全な訳文しか持たない我々には難解だといわれるヨハネ文書が、これによって正しく読むことができるようになることを喜ぶ。

二月二十六日（火） 気管支炎が癒え、登校して授業をしたところ、再び咳が出始める。二月は二十八日までなので、原稿が遅れてつい心が焦る。午前一時まで校正。

二月二十七日（水） 午前は校務に、午後は印刷所で校正して帰宅すると、夜十一時過ぎ。医者は休養を命ずるが、差しせまった必要は無理を命ずる。

三月

三月二日（土） 私は張道源牧師の提議に大いに動かされた。（手紙は省略）その一言一句が真情からの吐露でないものは無かった。いかにもして聖書を朝鮮人のものとさせ、朝鮮を聖書の上に建てることを果たすためには、誰とでも提携しようとする提案には賛成である。しかし、かって「新福音」を主唱する人がいた時、その新しい点が理解できないと我々は言明したし、『聖書朝鮮』の名称を『信仰革命』と改称したらと提議して来た時も、即座に賛成しかねた。今や名称をめぐって意地を張らず、単純に聖書が伝える福音を同胞に与えようとすることは大いによいことであるから、これがためには私の意地や性癖を押し通す気持は微塵（みじん）も無い。ただ既成教会やその機関に余りに親みしみ近づくことは、彼らの誤解を助長するばかりでなく、教会に対する根本概念に差異があるということは、巻頭の言と同じである（編註・『韓国無教会双書』第1巻、「教会に対する我らの態度」一八九頁以下参照）。教会を福音伝達の場所となさずに、衣食の出所とみなす職業宗教家がいなくなる日まで、利権化した教会堂は彼らに任せて、教会以外の未信の兄弟に福音を伝えようとするのが我々の本来の願いであり、「書生の遊戯」（編註・第2巻一五八頁）として本誌を発刊することは弱点もあるが、また長所もなくはない。これに対する抱負は別途書くつもりである。

三月三日（日） 午前は洞内にある長老教会の礼拝に参加して、ホーリネス教会朴炫明牧師の説教があり、神のみことばが教会で語られていることに深く感謝した。第一にホーリネス教会の牧師を長老教会の教壇に立たせることとそのこと自体が嬉しかった。同じく朝鮮で福音主義のキリスト教を伝えながら長老、メソジスト両教派は、ホーリネス教会を無視または敵視し、一方、ホーリネス教会も自派以外の人を教壇に立たせることを承知しないというから、我々が職業的宗教家の心理を解しない理由はここにある。閉会後に聞くと、朴牧師は東京で浅野猶三郎先生宅の集会に参加していたという。伝道者は聴衆の多少を心配すべきでないことを改めて悟った。良き種一粒は三十、六十、百倍の実を結ぶことは確かな道理である。栄光は主のもとに。

三月四日（月） 某老先生の名義でキリスト教有志大会を開くというので参加したところ、その集合の場所が案内通りの場所ではないばかりか、会議の内容も全く長老教会とメソジスト教会との連合諸職会（訳註・教会で職責のある人の集り）であった。我々は幸いにも長老教徒（？）であるから堪えることもできたが、ホーリネス教会の牧師とその他小教派のキリスト教信者に対しては、実に失礼千万であった。一に長老教会総会と言い、二にメソジスト教会年会。異端とは何か。曰く、総会と年会の認可の無いことであるという。一方、純然たるキリスト教徒の立場で異端の定義をしようとする正論を動議する人も数人いたが、総会や年会に忠実な多数の人たちの威圧に抑えられてしまった。彼らはこうした方式で最近、朝鮮キリスト教界の数多い人を異端者と決めつけたし、一度異端と決められた人は教会堂で説教できないようにし、ＹＭＣＡで聖書を講じようとすることも拒絶した。私は一老人に敬意を表するために参加し、退場できなくて、十時半にやっと閉会し帰宅すると、第七十四号ができてから半日余り。その上発行日が遅れていたものを、有志大会参加によって発送が一日遅延して、悔恨また悔恨。

三月五日（火）　今朝第七十四号を発送。養正高等普通学校第十九回卒業式に呂運亨氏（訳註・植民地下の朝鮮における独立運動家、政治家、平壌神学校卒業。一九四七年李承晩派によって暗殺される）の祝辞があって、機械の歯車のように回っていた儀式に多少なりとも人間味が添えられた。人生は各自が自分の馳せるコースを選ぶべきであり、一旦選んだ馳せ場は一生の間変えることなく馳せてファールをしないようにとのことであった。節操のない社会で、このような言葉を一言でも聞けたことは幸福と言わなければならない。

『聖書朝鮮』はこれ以上平易に書くことができず申し訳なく思っているところに、誌友の間に次のような計画があることは感謝すべきことだ。『聖書湖南』、『聖書関東』、『聖書西北』等。雑誌が順次発行されることを望む。

三月六日（水）　時間に追われる中で発送した三月号が、第三種郵便物の規定に抵触して、郵便局で一昼夜を無駄に過ごすことになる。なんとも悔やまれてならない。

三月七日（木）　幼い時から敬虔な心で日曜日を守り、日曜学校に出席することを楽しみにしていた生徒一人が、最近急に日曜学校をなおざりにするようになったのを自ら痛嘆して言うに、「最近アメリカの大学を卒業してきた某博士が日曜学校の教師になってからは何だか、その先生が遊び人みたいで自然と日曜学校が面白くなくなった」と。朝鮮の少年一人が、アメリカで音楽とダンスと社交術を学んで帰って来た方から、信仰上の指導を受けることに不満を覚えるということは注意すべきことである。宗教のことについては知的に熟達しなくても、霊的には深くなければならないからである。

三月八日（金） 学年末試験が始まり、あまりにも忙しい。

三月九日（土） 水原高等農林学校の学生騒動のニュースを新聞で見て、心配の念止まず。

三月十日（日） 午前中は町内の長老教会の礼拝に出席。「パリサイ人の教えることはそのまま行え。しかし、彼らの行いを真似てはならない」（マタイ二三・三）という、主イエスの言葉が思い出された。説教者の巧妙さには驚いた。午後に咸錫憲兄の原稿「受難の五百年　その二」を受け取り、読んで泣く。咸兄の葉書に、

お元気ですか？　雑誌はいつも問題ばかりで心配になります。鄭相勲兄からの便りがあったこと嬉しく思います。来月の原稿、今日送ります。今回は本当に苦労しました。時代が時代ですから、一ヶ月かけて書いたものがやっとこれです。自分の筆の鈍さを徹底的に感じました。書き直しは二十回にもなりました。しかし、書き直してみても、やはり気に入りません。言いたいことを全部書けば、前後の統一ができず、適当に省略したので、誠に冷汗の出る思いでした。歴史を書くことが難しいことを次第に感じます。どうして始めてしまったのかとも思います。小児百日咳にX光線が有効だという話もあります。柳先生の病気が心配です。

夜七時半、孔徳里のメソジスト教会での青年会の礼拝で説教する。いまだ健康は完全に回復しなかっ

たが、三ヶ月間延期してきた約束を果たすためであった。

三月十一日（月） 水原の佐藤得二教授辞職説の経緯を詳細に知り、教育界には呆れかえってしまう。ただキリスト者がこの世で受ける扱いが、主イエスが受けた扱いを彷彿させることを見て讃美せざるを得ない。

市外で熱心に牧場を経営する有力な兄弟から、

金兄！　先日は突然お目にかかれて嬉しゅうございました。あわただしくて長いお話はできませんでしたが、このたび意外にも兄の信仰の結晶体である『聖書朝鮮』誌を御恵送いただき感謝であり、熟読してなおいっそうの感謝でございました。まことに兄が主の忠実な僕（しもべ）であることを感謝し、小生の近況を少しお知らせいたします。将来は伝道を専門にすることとし、現業は漸次整理した後、神が示されるままに召された所に出向いて力いっぱい働こうと思います。このように方向転換したことをお知らせし、その他詳しいことは後日お目にかかった折りに申し上げ、また、ご指導もいただきたいと思います。これにて筆を置くこととし、主の恩恵の中に兄の平安を願います。

三月八日　○○○啓上

福音戦線がこのような志願兵で次第に充実してくることは、感謝すべきことだ。主のために新たに農業をする者はそれを懸命に行え。主の為になすべき働きは多くはない。牧畜を捨てて専門伝道しようとする者は、いざ立ち上がれ。福音を伝える働き手が多すぎることなど全くないからである。他教派や信者の争奪戦をせず、信仰を持たない人達の間で開拓的伝道を志す者たちとは、我々は共同戦線を張りたい。

三月十三日（水） いまだ咳のために半病人のまま、原稿は一枚も書けず。誌友からの便りに、今月も『聖書朝鮮』誌が二、三日遅れても到着しないので、何事が起きたのかととても心配していたところへ無事に着いたので、安心すると同時に感謝と喜びで礼拝しました。読み進むにしたがって、一節ごとに生命があり、一文ごとに悔い改めに導く恩恵が満ちていました。その中の「日露戦役座談会記録」を紹介した後に「キリストのためにどこかの塹壕（ざんごう）の一握りの土でも掘ったか、主のために何らかの損害を被ったか、云々」とあった一節には、針で刺される以上に心に非常な刺激を受けました。本当にどうすればいいのか心から畏れました。

三月十六日（土） 今日から三日間、養正高等普通学校新入生選抜試験。百人募集に応募者九百四十四人。大変厳しい競争である。従って合格の口添えを依頼に来る者、所謂「運動」しに来る者も多いのだが、特に自分の子弟のためにでもないのに、専門ブローカーが百鬼夜行する様は慨嘆すべきことである。

編集・組版まで終った後、小鹿島からの手紙に接した。これは主筆の一生で最大事変（註・第1巻一八二頁以下を参照）の一つである。このことを誌友に知らせるのに遅滞することはできなかった。

半島の有為な青年たちが福音を要求せず、また、有利な伝道地を有力な諸氏が強く独占したがるが、我々はそのような動きに迷わされず退いて、小鹿島の五千人の友のもとに行こう。病人こそ医者や薬が必要である。ただ、ページ数の制限によって、趙君のヨハネ福音書を二ページに短縮したことは大変済まない。

張道源牧師の懇切な勧めもあって、今度の四月号は春風のような教会親和号として編集したかったが、ついに徹底した反教会号になってしまった。小鹿島からの通信を読めば、怒らない人がいようか。

永い間休んでいた聖書研究会を、別紙広告通り四月から再び始める。高等普通学校三年生を主体にして、日曜学校の様式で、イエスの行跡の話からキリスト教の中心に入って行こうと思う。

三月十七日（日） 日曜日にもかかわらず、若い生徒らは入学試験地獄で苦悶。

三月十八日（月） 全州の李君が不在中に来訪、残念であった。人の一生は測りがたいが、特に高等普通学校時代の五年間の変化は意表をつくことが多い。高等普通学校入学当時には乳臭さが残っている者も、卒業期になると筋骨がしっかりした立派な青年になるのはもちろんであるが、その心霊的変化の絶大さには本当に驚く。李君が我が家に出入りするようになったことも実に不思議なことであり、ありがたいことだ。その心霊の変化に伴って変った彼の顔を見る機会を逃してしまったことは、誠に遺憾千万。

三月十九日（火） 咸鏡北道からの来信に、

（前略）私は四日間満州琿春地方に、他人の土地買い付けの仕事のため一緒に行って視察して戻りました。なんとも荒蕪な所であり、無主空山（訳註・人が住んでいない原野）のようでした。実は同じ平安南道の練習生の中で、琿春から約三里離れた所にある二万坪を超える丘と土地を誰かが二千五百円（訳註・約五〇〇万円）で売るということを聞き、その人が私の父に手紙をよこしたのです。行って見ると、まことに広くて果てがありません。また、中国の土地の境界は、東には山、西には江、南には道、北には金氏の土地といった風ですが、その広大な自分の土地も、官庁には約三分の一しか登記されていないという、なんとも未開な所なのです。云々

今日ハワイのモロカイ島の癩病（ママ）の聖者『ダミアン伝』を送ってもらい、夜の更けるのも忘れて読み、気がつけば午前三時。人類の中にダミアンがいたことも感謝であり、その伝記を著述した者がいたこと

も感謝であり、このような本を探して送ってくれる人も殊勝な方。

巻頭の余白に記して曰く、

光を嫌う群れよ
一人の命と力を弱いと言え
一人の同志を少ないと言え
一人の師を足りないと言え
正しさを嘲笑する群れよ
君たちの強さをうらやまず
君たちのように数多い同志を得ようとせず
君たちのように数多い師を欲せず
暗き中でうごめく群れよ
私はこれで満足し
私はこれで感謝し
私はこれで恐れはしない
正しき者の上に常に護られる方あればなり

一九三五年三月十六日　○○○

私の師　金教臣先生に

三月二十日（水）　今日も『ダミアン伝』を読みながら泣く。ダミアンのために泣き、癩（ママ）病患者のために泣き、自ら癩病者ではないことに安堵する全ての健康な者のために泣き、私自身を顧みて泣き、主キリストを仰ぎ見て泣く。

三月二十一日（木）　水原の柳達永君からの葉書に、

先生の下を離れ当地に来て以来、人生についての懐疑と思索と読書に没頭しています。人間はたちの化（ば）け（け）の皮を剥がすと、いったいあんな醜悪なもののみなのかと唖然とせざるを得ません。人間に完全を要求することは不可能ですが、あまりにも良心が鈍く、時にはそれの存在さえも疑わざるを得ません。愚かな人間同士なら一生を偽り、自分も偽ることができるでしょうが、天上から常に赤裸々なその状態を見られるとき、主の心の悲しみと痛みはいかばかりでしょうか。善は死んでも行い、悪はこの世を得ても避けなければならないといえば、この世ではそれを戯言(たわごと)だというでしょう。正しい者には常に多くの毒矢が飛んでくるのを見るにつけ、悲憤が滾(たぎ)る心臓(ハート)を抑えがたいです。約三ヶ月間も体調がおかしいので医者に診察を受けた結果、肺尖が痛んでいるので十分用心すべしとのことです。

霊肉を鍛錬する時期が来たのかと思います。

決して肉体を虐待してはならない。

今日はまた小鹿島からも以下のような便りあり。

私自身のために、また、朝鮮キリスト教会のために懺悔の涙と憤怒を抑えることができなかった。

（前半は省略）……キリストの福音の喇叭(ラッパ)（訳註・伝道者という意味）である金先生、幼稚な小生の事情をおおよそお知らせいたします。花のように美しい肉体を癩(ママ)病に蝕まれた哀れな者の中の一人です。そうではありますが、幸いにも不幸な癩病を通して、この世では知ることのできない福音の生命水を味わうことになり、真に言葉で尽くすことのできない感激と涙の混じった賛美が絶えず溢れています。

『聖書朝鮮』を通して小生の眠りこけていた生命が再び蘇生したのは、一九三二年釜山戡蠻里の癩病院で孫良源伝道師が『聖書朝鮮』誌を通して受けた感想を基に説教された時でした。その当時、戡蠻里教会で孫良源伝道師は『聖書朝鮮』をテキストにして聖書を学ぶように一週間説教をされました。それで初めて釜山戡蠻里の癩病院にも、その時から福音のつぼみがちらほら咲き始めました。暗黒に沈んでいた戡蠻里教会は初めて光明に浴するようになりました。眠りこけていた多くの生命は鮮やかに蘇生していきました。ああ！ あらゆる形式と儀式に縛られて苦痛と煩悶で意味なくイエスを信じていた小生も、先生が述べられる生命の床真正の真理まで解放され、限りない喜びが溢れました。このように多くの生命たちが霊肉のひどい苦痛から解放され、福音の喜悦の内に楽しく生きていく中で、不幸にも所謂教会内の牧会者だという数人の嫉妬によって、孫良源伝道師も戡蠻里教会の仕事をできなくされてしまいました。その後は私たちの弱い信仰の同志たちも教権者たちが威嚇するために一人、二人とだんだん抜け出てしまい、六百余名の中から五、六人が福音の内に真正の真理を呼吸する一つの家族となりました。その後、一九三三年に『聖書朝鮮』誌を受け取りたい気持ちは切でしたが、無知蒙昧な反対者たちの圧迫と物理的妨害のために受け取れませんでしたが、信仰の同志の中の一人が院外で他人の名義で、ようやく『聖書朝鮮』誌を受け取ることができました。その時、私たち同志は病院の区域内でこれを読むことができず、反対者たちの眼を避けて病院の裏山で秘かに集まって、松の木に寄りかかって熱読するたびに腐ることのない真正の信仰の復興となったのでした。そうしているうちに、そこも反対者たちの調査でばれてしまい、何らの理由もなく異端派に属する者であるとして無数の迫害を受けました。その後、青色の本さえ見れば必ず調査をして、ある期間読むことができず隠しておくこともありました。

　ああ！　どうしようもない癩病のために働けず、衣食住のために彼らの支配を受けている私たちの苦しい胸の内を如何にいたしましょうか。その後も様々な波乱が度々ありました。しかし、そのような中に、一人二人とだんだん信仰を持つ者が現れ男女合計二十余名になりました。その後、信仰の友たちは四方に散っていきはじめ、ある者は故郷へ、あるいは日本へと去ってしまい、戡蠻里教会には約十余名が残りました。そして、小生と一緒に出てきた信仰の同志五人は、一九三四年九月にここを自主退院して、京城に上ってきてしばらく苦労しましたが、十月下旬に癩病患者募集に応募して、全羅南道小鹿島に来ました。私たち五人一行は京城にいる時、金先生を一度訪ねてお会いできればと切に願っていましたが、癩病患者の身体で先生を訪ねお会いすることは難しく、辛い胸に哀惜と悲哀を抱いて限りなく流れる熱い涙の内に京城を後にしたのです。そして、この小鹿島に来て入院し教会の内幕を覗いてみると、やはり痛哭の涙を流さざるを得ませんでした。

ああ！　福音の喇叭（らっぱ）であられる金先生、この小鹿島にも霊肉が腐敗し、悲哀に浸って死の道を歩いている人が現在二千余名いて、将来は五千余名になるとのことで、かわいそうで悲惨なこの生命をどういたしましょうか。肉が腐敗することも辛いことなのに、霊魂まで腐るならばどんなにか悲惨な者ではありませんか。人間の愛ではない愛をお持ちの先生、私たち小鹿島を特別にお忘れなく、福音の内にわが主イエスと共にお力添え下さり、顧みてくださることを懇願いたします。今年は信仰の同志五人の中から『聖書朝鮮』誌一冊を受け取りましたが、男女の病舎の区域が分かれていて一緒に読むことができませんので、少なからず不便を感じています。代金を送ってもう一冊注文してみようと思いますが、金銭を稼ぐことのできない私たち無産者として、当分の間は仕方なく主に祈るばかりでございますが、この度、我慢できずに恥を忍んで苦しい事情を先生に告白するものであります。金先生におかれましては変わらざる主の愛をもって特別に裁量下さり、『聖書朝鮮』誌一、二冊だけ無代にして送って下さることを切にお願いいたします。そして、これから誌友たちもたくさん増えていく望みがありますので、明年には多少とも代金を払って注文できるでしょう。此処の同志一行は男○○○、○○○、○○○、○○○、女○○○、○○○、などで、この仲間たちが同じ願いをもって希望しており、『聖書朝鮮』誌の続刊のために主に懇求しています。変わらざるキリストの愛の内に先生と共に同じ福音の生命を呼吸し、祈祷と霊において同じ苦楽を共にすることを絶えず祈っています。アーメン。

三月十五日　小鹿島更生園南部

幼き小生文信活　拝上

これが仮に、普通の世間の人として自由に行動し、頻繁に会うこともできる境遇でやり取りした書簡であるなら、この手紙をこうして公開することは躊躇せざるを得なかったであろう。本誌と主筆にたいして過分な表現があるために。しかし、この癩（ママ）病患者文君は会ったこともなく、人間としては不治の病いをかかえている立場の兄弟であり、いうならば、来世からこの世に送られた手紙であるとも言える。したがって、躊躇なく公開する。ところで、朝鮮キリスト教会の教役者たちから本誌が異端視されて押収されながらも、肉体が腐（くさ）っていく癩病患者に希望を与え、歓喜を呼び起こすことができると証明されたのだから、これ以上の名誉があるだろうか？　およそ名誉というものを観念のみで知るだけの人、見るだけの兄弟は、私の机上に置かれた癩病患者の手紙を見るがいい。私たちは真面目に主イエスを信じ忠誠を尽くして天国の福音を伝えようと、十年近く『聖書朝鮮』を七十五号まで発行して来た。しかし、同じキリストを信じる教会からは容赦なく異端視され、同志が迫害されるときは、私たち自身も自らを疑わざるを得なかった。「罪過はこちらにあるのだろう」と。しかし、今や確信を得て勇気を確かにした。監督が反対し、総会議長が妨害したとしても、私たちは癩病患者の信書を胸に抱いて天国への道を突進するだろう。既成教会の教役者たちは私たちに伝道するための教会堂を貸してくれなかったり、聖書講義をするためのYMCA会館の部屋の貸し出しを拒絶したり、『聖書朝鮮』誌読者を教会から追い出した事実があったことはわかっていたが、おおよそ、病中の病である癩病患者にまで便りのような脅しと迫害を加えていたとは、実のところ思いもしなかった。いくら良き暮らしを望んでやまない者たちとは言え、都会人士たちの財布をはたいた献金だけでは足りないのか？　農村の兄弟たちの野菜と穀物で肥え太れば足りるではないか？　こともあろうに、癩病患者が拠り所とした霊的生命の糧（訳註・『聖書朝鮮』のこと）までも奪おうとするのか？　天国に入りもせず、他人が入ろうとすることさえ妨害しようとする教役者、餓鬼の輩よ、お前たちが悔い改めなければ、最大の災いが身の上に及ぶであろう。

ちょうど、モロカイ島の聖者『ダミアン伝』を耽読中にこの手紙を受け取ったことは、なんと摂理の不思議なことであろうか！　万一、一九三四年の秋に、五人の癩病患者が孔徳里の「聖書朝鮮」社の表門を叩いたとしよう。彼ら兄弟を迎えるに不足のない準備が、私にあったであろうか？　そのことを考えてみたとき、私は伏して慟哭せずにはいられなかった。王の中の王、我々の主キリストに仕える役目を主が私に賜ったのに、私に会うために千里の道を遠からじと、釜山から切なる心で上京して活人町の近くを捜し回ったのに探し出せず、空しく帰って行った癩病患者の様子を頭の中で想像して、懺悔の涙が流れてやまない。どうぞ憐れんでください。そして、私にどうしても賜わりたいものとして、まずこの罪人に癩病を賜わり、内なる人を清めてくださることであります。

絶望したであろう癩病患者の便りに、生命の躍動がこれほどに顕著だとは！　これは使徒パウロの書簡や、使徒ヨハネの福音書を読むのと同じような感動なくしては読むことのできない文字である、偉大なるかな福音の真理！　キリスト教が何であるかを論ずる君子たちは、必ずやこの便りの調べを心してから聴いてみるべきだ。キリスト教は能力(ちから)の宗教だという。言葉で能力の宗教だと叫ぶ者は多く、文字で能力の信仰を説明する者は多いが、実際に「能力の信仰」を我々はこの癩病患者である友人に見るのである。腐り行く肉体の中で「癩病も、死も……その他どんな被造物も、我々の主キリスト・イエスにおける神の愛から、決して我々を離すことはできないであろう」（ローマ八・三八・三九）と叫び、讃美をせざるを得ないあの霊魂の勇姿を仰ぎ見るべし。人類中で最も憐れまれるべき立場にあっても、むしろ溢れ出る生命の躍動が他人を慰め励まして余りある能力だから、このキリストを信ずる信仰を「能力の宗教」というのである。

三月二十二日（金）　小鹿島から続けて手紙が来る。郵便配達夫は何時でも喜ばしい来客だったが、このような便りを配達してくれる時の有り難さは格別である。子供たちに『ダミアン伝』を話してやる。

三月二十四日（日）　咸錫憲兄が「五山校友会」の会報の用務で上京。午前中市内の萬里峴礼拝堂に出席したら、突然開会の祈祷をせよとのことで、まことに困惑きわまった。

三月二十六日（火）　咸錫憲兄の紹介で、市内三角町の某旅館に某翁を訪問して、同じ席で有名な名士諸氏の顔を拝顔する光栄に与る。しかし、空虚な時間を浪費したことを後悔した。私の禁物は補薬（訳註・強壮剤）と名士たちである。私は生れつき強壮剤を飲めないように生れ、名士に対しては胸襟を開けない。一つ一つの言動に対し責任を感じるからか、名士もまた我々に向って心の門を開くことができないから、遊星がそれぞれの軌道を運行するならば、名士に対しては望遠鏡を使用する距離が最も妙策であることを再確認した。社交的興味としてだけで見ても、悔い改めた取税人と遊女と貧乏人と病人たちの方がはるかに話題が豊富であり、胸を打つ話を聞くことができる。我々の友を求める方向を悟ったのが収穫と言えば収穫。

三月二十七日（水）　日本国の国際連盟脱退記念式が学校で開かれた。

三月二十八日（木）　本誌第七十五号の検閲済み通知がきて、校正を完了する。午後に咸兄と彰義門外を往復する。

三月三十日（土）　『聖書朝鮮』第七十五号発送。「五山校友会会報」の校正をほぼ終えて、咸兄は今夜五山に帰る。ひとたび道が開かれれば、平壌で福音を証ししようなどの話で盛り上がった。私の誕生第一万二千四百日。

三月三十一日(日)　全羅南道の右水営からの葉書に、（前略）たとえ本の代金を所定どおりにお支払いするとしても、小生は『聖書朝鮮』の誌代としてお送りするとは考えません。『聖書朝鮮』は全く無力な者に、恩恵として神から下賜されるものだからです。咸先生の「朝鮮歴史」は「次はどういうことになるのか」と号を追って待っていた私に、三月号で揺るぎない希望を与えていただきました。嗚呼、変わることのない摂理を示してくださった預言です。云々

四月

四月一日（月）　新学年度開始。第三学年から進級

して知力と年齢がふさわしくなったようなので、聖書を学ぶように説明し勧める。よい機会を与えられて受けないとしたら彼らの責任であるが、一方、断片的な科学知識を伝授して人間の基本的知識を教えないならば、その禍は私に及ぶであろうから、切実な思いで勧める。

四月二日（火） 遂安での有望な農場経営を放棄して神学の勉強をしようと、若い兄弟が上京して来訪。午前二時半に起床して夜十時に就寝する中で労働に従事しながら苦学するというのだから、その決心の非凡さに驚く。

四月三日（水） 終日努力して原稿八枚と手紙五通を書いただけ。連日の旱(ひで)りで、井戸が涸れかかっていて心配。今日、ポプラ数十株とプラタナス数十株を挿し木する。

四月五日（金） まったく意外なことに、所謂(いわゆる)危険思想をもっていた青年から愉快な便り一通、次の通りである。

新春を迎えて先生のご健康お変りなく、お宅の皆様もお元気でしょうか。新学期を迎えて大変お忙しいことでしょう。私は永年呻吟していたあの難病も春空に消え去り、再び更生の初春を迎え、限り無い幸福の中に生きています。そして、今は父親が経営している学校で、天真爛漫な幼児たちと手を取って飛びはねまわっています。

実際、二十三歳の若輩の青年には「人生の教育」はもちろん困難ではありますが、それにもかかわらず私は、自ら「われこそ真の教育者だ」と公言するのに敢(あ)えて躊躇しません。先生、苦笑されることでしょう。「私は朝鮮をよく知っている。そして、私は貧しいこの地の子女たちの進んで行くべき道を最もよく知っている」。

先生、今日この社会には最も良心的で神聖であるべき「教育」（ことに少年たちの教育）を、「職業」と思っている哀れな群れが多いのです。こんな腐敗し堕落して行くこの地に、真実な教育者、朝鮮をよく知り私たちの道をよく知っている教育を天職と思い義務と思い、犠牲的に自民族を教育し得る教育者が少ないことを、私は悲しく思います。

それで小さき者ですが、この地の一角で自分を犠牲にして全民族を養育したく、このような雄壮な覚悟をして敢えて教壇に立っています。このことを陰に陽に恩恵を受けた先生に誇らしくお知らせする次第であります。

誇り、これは間違いなく私の誇りであります。傍若無人に自賛自尊する私を嘲笑する人間もあることは事実でしょうが、しかし、私の頭脳の細胞組織に変動がなく、食物を貪り食おうとしない限り、私の良心的な犠牲精神に異常のないことだけは事実なのであります。

死の線上から生への道へ、更生の道の第一歩を踏み出そうとする時、ああ、その時こそ「明日への生命」でなくて何でありましょうか。『聖書朝鮮』誌をうれしく受け取り、「朝鮮歴史」の勉強をしています。その中の「受難の五百年」を読み義人の血が流されたでき事を悲しむと同時に、悲憤慷慨で握るこぶしをどこにぶっつけましょうか。この文章を読むことができたことは本当に感謝です。

先生が忘れずにお送り下さいますお心遣いに感動して、私が『聖書朝鮮』誌七、八冊を洞内にいるキリスト教徒である文某に送ることを約束したところ、意外にも喜んでいました。門外漢である私ですが、先生の誠心誠意が、先生の故郷であるこの地まで伝道されるのは偶然でないと思います。これからも先生が送って下さる度に、文某に送る積もりです。それでは、いつも御健康に過ごされますよう伏してお願いしてやみません。

四月一日　　　　○○上書

選民イスラエルが不信な時に、「路傍の木石が主を讃美するだろう」と言われたが、現職の教育者と師範教育を受けた者たちが、その天職を忘れ去るならば、意外な所から真正（まこと）の教育者が輩出される日も遠くはないだろう。とにかく君の心と意志は壮快である。

四月六日（土）　午後二時ごろから夜十時半まで来客が途絶えることなく、土曜日午後の予定が全て狂った。この世の人は喜んで土曜日の午後を浪費するが、信者には土曜日が最も聖別されなければならない日だ。特に聖日の説教の責任を負った者にはそうだ。

四月七日（日）　午前中、活人洞の長老教会で説教。第二コリント書第四章を解説するのみで、説教らしい説教にはならなかった。

四月八日（月）　意外な短い葉書一通に接し、深く感激した。

先生、御平安をお祝い申し上げます。振り替えで三円四十銭送金致しました。これは小生の誌代一年分と小鹿島文信活兄に送る誌代一年分であります。七十五号の彼の論文を見て、誌代を小弟が負担するのがよいと感じました。このことを絶対公開されないで、また右文を兄本人にも小弟の名を知らせないで下さい。特にお願いいたします。

公開してくれないようにとあったが、『聖書朝鮮』誌の歴史にこのことを全く触れずに置くことを望まないし、またこの葉書以上の内容はキリストだけが知られるだろう。しかし、『聖書朝鮮』社の最高の栄誉をこの誌友に横取りされたことは嘆かわしいことであるが、これは神様の聖なる愛の争奪戦であるから、やむを得ず譲歩せざるを得ない。

四月九日（火） 新聞の報道によると、現在、朝鮮内の調査された癩ママ病患者の総数が一万三千人。今秋、小鹿島更生園の第一期事業計画の完成を待って、三千八百人が更生園に収容されることになり、その他、私立療養所に約二千人が収容されているという。残りの七千余人のために、一日も早く施設ができねばならない。

四月十日（水） 『聖書朝鮮』誌第七十五号を読んで」という感想文が送られて来た。

四月十一日（木） ヨーロッパでは平和工作にイタリアのストレサ会議、極東では満州国皇帝陛下歓迎の桜花。

四月十二日（金） 小鹿島よりの喜ばしい消息が更に一つ来たが、次の姉妹の手紙である。（訳註・手紙は省略）……この文章において、主筆に関する部分は大部分割引いて読むべきである。とうてい耐えられないことである。この手紙を一読した者なら誰でも皆読みとれることは、重い病いの人の手紙にあるように、特に完治の医薬がまだ充分に開発されていない癩病患者が書いた文章のようでないということである。前途に華やかな人生が待つ良家の少女が、隣近所を心配してやさしくし世話をするような一点の汚れもない心情が紙面にあふれているから、これは良家の中でも第一であり、大家中で第一である宇宙の主宰者である父なる神の庭園で、信仰に生きる者となった者の心情が如実に表われたものでなくて何だろうか。無法と絶望が常だとする癩病患者の立場にありながらも、他人への伝染をおもんばかり、教会のために——無理な迫害を加えていたその教会のために迷惑になりはしないかと、言いたいことを控えて、教会が更に「真理の朝鮮教会」になってほしいと祈り求めてやまないのであるから、これはキリストの奇跡でなくて何であろうか。病気ではあるが病人にあらず、貧しいが豊かなること限りなく、敗北した者のようであるが常に勝ってみなぎる余力があるから、全ての栄光は主キリストに。ハレルヤ、ハレルヤ！

四月十四日（日） 午前中は広い板の間を清潔に整理し、午後二時から学生のための聖書集会の第一回目を開講。生れて以来キリスト教を聞いたこともなく、教会とも関係のなかった養正高等普通学校三年生が主体であるだけに、説教でなくて講義によらねばならず、万一この話が彼らの一生に害となるならば、教師たる自分から先に地獄に入ることを覚悟して始めた。実に小さい事であるが心持ちばかりは悲壮であった。

四月十五日（月） 昨日の集会での二時間の講義は、学校で数日四、五時間の授業するよりももっと疲労を覚えるようだ。持てる力全てを傾注せざるを得なかったためであろうか。

四月十六日（火）『病床に在る友へ』（編註・一九三四年、上田穣、岩岡書房）という日本の本百冊を注文して分配した後も要求する人が絶えないので、今度再び五十円分を注文していたのが、今日小包便で到着。増訂第四版、定価二十銭になっている。

四月十七日（水） 生後第一万二千四百十八日。

四月十八日（木） 三十五回目の誕生日であると同時に、信仰生活満十五周年の記念日である。偶然のこととはいえ、初めて教会に行き聖書を買った日は一九二〇年四月十八日であった。

四月十九日（金） いただいた手紙のうち数枚に返事した以外には為す事なし。人生の真昼時にあたり、私の讃美は以下の如し。

わたしは心をつくして主に感謝し、あなたのくすしきみわざをことごとく宣べ伝えます。いと高き者よ、あなたによってわたしは喜びかつ楽しみ、あなたの名をほめ歌います。

願わくは、人生の黄昏に臨んだ時にも、詩編第九篇一節が私の唇をついて流れ出ますように。（詩編第九編一―二節）

四月二十日（土） 五月号の校正が始まる。詩人曰く、「ヤーウェにより頼む私の霊魂に向かって、どういうつもりで『鳥のように山に逃げろ』というのか……」。

四月二十一日（日） 春季大掃除を始める日なので、午前中は室内と庭の沢山のゴミをきれいにして捨て、午後二時から新たな気持ちでマタイ福音書第一、二章の大旨を講じる。復活の朝を待ち焦がれるに切なる時節である。

四月二十二日（月） 李徳鳳先生と約束した時間に遅れ、タクシーを走らせて培花女学校を訪問。金路得氏が遂安郡で経営する教育事業の概要を聞き、その発展の甚大さに驚き、また、養正高等普通学校出身の一人がこの事業に参画することとなった不思議な縁（えにし）を喜ぶ。

四月二十三日（火） ここ数日は五月号の校正。

四月二十四日（水） 誌友の以下のような事情を知って私もやはり苦悩に陥る。（訳註・長い教会批判の手紙、略す）

四月二十五日（木） 宋斗用兄が訪ねて来て、色々と奇妙な事実を報告してくれた。それによると、「どこに行くのか」と尋ねる警官に対して宋兄の友人が「仁川に行きます」と答えると、仁川も数万の人が住む大都会なのに「仁川のどこに行くというのか？」とおどし、「お前の持っている包みは何だ」と尋ねたので、「食物であります」と答えると、「食物にも飯もあり餅もあるだろう。そんな答え方はけしからん」と言って、横っ面を殴られるのではないかとこわくて無意識に腕をまぶたの所に上げると、官憲に抵抗しようとする行動だと言って逮捕、拘引された等々の友人の実話。宋兄はこのことでじっと耐えた友人の気持に同情がわき、主イエス・キリストを少しでも深く理解できたことを感謝してやまないのだから、実に世に手ごわい者は信仰に生きているキリスト者である。彼らは如何なる場合にも傷つかない。

四月二十六日（金）　校外遠足会で、三聖山三幕寺と冠岳山恋主庵を一周した。小鹿島からの便りは次の如くである。

　主の祝福の中、愛をもって朝鮮人の心に主と共に聖書を植えられる慕わしい先生、変りなきキリストの聖愛の中で愛をもって送られた貴重な本である『山上の垂訓研究』を拝受しました。幼く弱き小生は、キリストによる先生の限り無い愛を受けるに値しないことを思い、恐縮の至りであります。

　ああ、キリストの働きをされ祝福される中で、聖書を朝鮮に、朝鮮を聖書の上に建てられるのに全身全霊を捧げて努力される先生、その貴いお言葉を読むたびごとに常に感謝と喜悦が充満し、またお言葉に接する毎にいつも新しい内容であり、生命が限り無く躍動いたします。

　ああ、親愛なる先生、『山上の垂訓研究』は小生の最も待望していた本でありましたが、『聖書朝鮮』誌をいつも沢山送って下さって助けられたのに、恥ずかしげも無く更にお願いすることは余りにも済まなくてためらっていましたところ、今度先生が同書を必要に応じてたくさん送って下さったのは、若い小生の心を御覧になられる天の父の非常なる愛にあふれた贈物と信じ、また、先生と『聖書朝鮮』誌の上に働かれる主の祝福であると信じます。

　キリストの愛の中に拝受したこの『聖書朝鮮』誌と『山上の垂訓研究』は、不幸な癩病の為、身寄りなく孤独な小生にとって二人とない唯一の友でした。だから食事中と寝る時間の外には、いつでも起きて動いている時は胸に抱いていました。暇さえあれば手にして読みます。それで生きた信仰は自由に成長して伸びています。小生の親愛なる李邦佑君と河外烈君は、楽しく喜び恩恵に満ちた生活を営んでおり、病気の中でも最も哀れな中にさまよい苦しんでいる諸兄妹たちを福音で慰め励まし、また救うために奔走しながらも、暇さえあれば集まり、あるいは個人で『聖書朝鮮』誌を読みふけりながら、物事に直面するたびに真理によって処理し、信仰が有形無形に共に成長しており、また先生と『聖書朝鮮』のためにいつも切に祈っています。

その外に、男女の信仰の友人幾人かも、各方面で真理によって解放され、健康な者や金持ちが味わえない真理に基づく生活を続けています。そうではありますが、その中何人かは漢字を解せず、『聖書朝鮮』誌を直接読めないために少なからず残念に思い、私にハングル（訳註・朝鮮文字）で書き替えてくれといいますが、筆力の充分でない私としては心苦しく感じています。

某病院にいる信仰の兄妹からも『聖書朝鮮』誌を直接読みたいので、ハングルに直し一度送ってくれと、先ごろ切手と便箋紙まで送って来たことがあります。しかし、無学で理解力のない私が『聖書朝鮮』誌で感じたところの聖句を一々書いて上げられないのは、実に心苦しいです。それに病院では大勢が反対するので、この手紙を送るのにも困難が少なくありません。

ああ、幼稚な私たちのお恥かしい実情を真心をもって理解して下さる金先生、小生は親愛なるそこの兄弟方の無念でならない事情をふと考えるたびに、何時も悲嘆の涙がとめどもなくこぼれ襟をぬらします。

ああ、人間の現実においても残忍この上ない境遇にある私たちが、やっと一つの険しい山頂を越えて、最後の霊的生命の糧を得る道を探そうとするのにも、これを遮る惨澹たる妨害の群れが多いのは一体何故でしょうか、癩（ママ）病のせいなのか、さもなければ若い自分たちの信仰を培われる神の摂理の御手なのでしょうか。そう信じて自然に安心できます。

ああ、衣食住の三字のために信仰生活にも自由のない愛慕する信仰の兄姉の立場は、どんなにか心苦しいことではないでしょうか。

そうだとしても、兄姉たちが日増しに各方面に成長する信仰だけは、どうして遮られましょうか。キリストの福音という隠れ家の中にある兄弟姉妹たちの霊的な生命を、どうして反対者が殺せましょうか。福音の中で真心から愛して下さる金先生、愛の負債を負った小生は、愛するこの兄弟姉妹たちを主イエスにお任せして祈るばかりであります。

創世以前から使命を与えられていた金先生、「聖書を朝鮮に、朝鮮を聖書の上に」が早く成就されますよう、主と共に力一杯努力して下さい。

ああ、肉にあっては日が経つほどに腐敗してゆき、月が経てば経つほど悪化してゆくこの癩（ママ）病患者のさびしい小さな胸に、幾重にも重なり合った抱負が、また先生が誠心誠意努力される仕事が、天の父のみ心のままに、願いどおり成就されることでありましょう。

おお、無の中から充満させてくださる主よ、貧しいこの朝鮮人の心に血の流れる聖手を差しのべてくださるので、既に祝福されているものと信じて感謝感激であります。摂理の神なる主よ、あなたの聖旨に従いこの地上に全てをささげ忠実に努力される金先生の上に、既に祝福がそそがれていることを信じて讃美いたします。

おお、宇宙に充ち満ちておられる主よ、あなたの聖なる真理の懐の中で真理をもって努力される金先生方と『聖書朝鮮』を通して、ぼろをまとった朝鮮に聖書を着せて下さい。力なる主よ、貧しい朝鮮に、聖書の真理と信仰を充ち溢れさせて下さい。そのようにして、福音によって朝鮮の筋骨がしっかり立つようにされ、また血液を豊かにして下さい。

おお、主よ、このことが成就されるまで、万事を共にして下さり、摂理をもって導かれることを福音の中から絶えず祈ります。アーメン、アーメン。

先生が送って下さいました『聖書朝鮮』誌は四月十二日に拝受し、四月十七日にまた拝受いたしました。親愛なる先生がこのように愛と生命を投げ与えて下さることに、万事に思慮分別のない小生は、直ちに拝受したことを通知申し上げず、考えれば考えるほど本当に申し訳なく思います。キリストの聖愛をもってお許し下さるよう切にお願いいたします。

一九三五年四月十八日　幼き文信活　敬具

四月二十七日（土）『病床に在る友に』が少しでも病友の慰安になり感謝。

四月二十八日（日） 午後に「イエス伝」第三講。出席した生徒の話しにうながされ、集会が終わった後、朝鮮劇場に行き「暴君ネロ」を見ながら、私自身はあのような迫害に到底堪えられそうになくて悲観した。歴史は繰り返されるのか否かはさておき、最近の世界状況から見て、ネロの悪ふざけが繰り返されないと断言することは甚だ難しいようだが、私は弱くて恐（こわ）がり屋だから情けないことである。

四月二十九日（月） 当直のため昼夜を蓬萊丘の上で過ごす。聖書を読み、祈祷、讃美も自由だ。また、バスケットボールの練習で一汗流すのも快きこと。

四月三十日（火）　怠けたわけではないが、定期の発行日に雑誌の発送ができず、首を長くして待つ誌友の心情を推察するのみ。四月も過ぎた。歳月は流水の如く過ぎ去って行く。

五月

五月一日（水）　メーデーはどこへ行ってしまったのか。日本の風習である鯉幟（こいのぼり）が、市内のあちこちに舞うのが見えるだけ。

五月三日（金）　某官立専門学校の学生の間で、ある時期、意外に多数の読者が増加したが、その中の一人から、「注文もしていない『聖書朝鮮』を毎月送られては迷惑千万だから、今まで受け取ったものは返品するので、今後は送るな」という意味の葉書が届いたので、即座にその紹介者である某君を強く問責したところ、答えは以下の如し。

お便りをいただき、背に冷や汗が流れ、目からは熱い涙が溢れました。怒られることも短い瞬間であり、情けなく悲しいばかりです。『聖書朝鮮』の品位よりも、先生の体面よりも、朝鮮の若人たちのために泣きます。軽率だとおっしゃいますが、私の軽率さはどうして一つや二つでしょうか？　主がお受けになった侮辱を思うとき、人類の残忍な毒手のもとに最期を迎えた苦しみの一片でも想像するとき、その道を踏み、その志を伝えんとなさる先生の体面と『聖書朝鮮』の品位が落ちて傷つくのは当然のことと肯定せざるを得ません。世界宗教史と日本宗教史を読むうちに、主の道を歩んだキリスト教徒たちの一生が侮辱と苦難の生涯であったことは、まったく否定できないところです。彼らの悲惨な最後はまことに不思議なことですが、また、当然の帰結であろうと思います。

正しいことは正しいと言い、真理を真理と知ることが現在の世の中であるなら、先生の困難極まりない血と汗の努力は必要なのでしょうか。ただ、無用な辛苦に帰してしまうでしょう。先生は一九四〇年前、主が十字架に釘付けられた当時と、現代とではどちらが人類の堕落が酷かったとお思いですか？　怒りと怨みを抑えがたく叫びもだえる私は、真理を踏みにじることよりも、さらに落ちて朝鮮魂まで永遠に腐ってしまうのではないかと思うからです。今や人間にはつくづくうんざりです。私自身を含めて、人間に嫌気がさします。人の善なることを見る心は神の心であり、人の悪を見る心は悪魔の心であるという言葉を思い出しますが、私は自らを悪魔と自認して、私の良心はこれを否定することはできません。しかし、このような人間に対する不満、孤独、さらに思索の苦しみの渦中にあるときにも、病床について三年もの間死の境をさまようある一人の友が、先生のお働きと健康と私の将来と平安を朝夕祈っていてくれるとのことですので、その恩恵は身に余るものです。人間とは不可解なもの、宇宙万像が全て不可解なもののようです。（中略）我が校の『聖書朝鮮』読者について簡単にお話しします。まず、イエスを信ずる生徒は一人もいません。最初は偶然の機会に朝鮮に対する知識問題がでて、『聖書朝鮮』に載せられる「朝鮮歴史」をK君、C君、L君の三人に紹介したところ即座に注文すると言うので、一日でも早く「朝鮮歴史」を読ませようという思いでその旨を先生にお伝えしました。その他も全て自発的なもので、彼らの頼みを受けてお伝えしたのです。Y君もそのうちの一人です。ある日、雑誌を中止するから私に代金を渡して中止通告をしてくれと言うので、本社に直接送るのが当然だということと、中止する理由を明確にして自己の立場を鮮明にせよ、それが男らしいのではないかと言いました。『聖書朝鮮』を返送するとは予想もできないことで、きわめて不快なことですが、あんな者の手の中で腐ってしまわなかったことは幸いなことではなかったかと思います。私自身の軽率さは今後よく気をつけますし、全ての責任は甘受し両肩に負ってまいります。

五月一日　　　　　　　　　　　　○○○拝

いずれにせよ、この事件によって多少緩和されていた購読規定を、再びきびしくせざるを得ない。したがって、このような不純な読者を予防するために、別記のような規定をもう一度告知する。（監修者註・この規定は『聖書朝鮮』一九三五年六月号の巻頭に「本誌の購読規定」と題して掲載されているが、本双書には訳されていない）

五月四日（土）　日本地質学会講演会を聴講したところ、旧師の藤本義治教授も出席されて、関東山地山塊成因に関する研究を報告され、この上なくうれしく、文典の研究よりも岩石と化石に私の興味は大きかったことを改めて思い知らされた。

五月五日（日）　午前中は京城の歯科医学専門学校で開催された講演会を聴講し、午後は我が家の広間で持たれた日曜集会で「イエス伝」の第四講。

五月六日（月）　地質学を研修するために、藤本教授に従って平壌方面で行う実地調査を見学することに決め、今夜十時五十五分の列車で出発。

五月七日（火）　今日から十日まで黄海、平南地方の地質調査を見学のために巡回しながら平壌で二泊したが、この旅行は突然の出発であったし、目的はまったく地質学に限っており、朝早くから日没まで山野を歩き回って標本を採取して運搬するなど、相当に疲労度の高いスケジュールであったので、誌友の誰も訪問することができず、偶然会うこともなかった。黄海・平安道地方の誌友には了承のほどを願う。

五月十一日（土） 旅行をしてこそ初めて、自分の家庭が恵まれていることの感謝を知るようになる。旱天に焼けた土の上で労働する農夫や、その婦女と炭鉱で眼球だけがピカピカ光る若い鉱夫の生活などを家族に紹介して、早起きと勤労の習慣を新たにすることを改めて約束する。

五月十二日（日） 慈雨沛然。勝湖里近くの石灰岩地帯で、種播きした畑を何度も踏んでいた三婦女、祖母、姑、嫁と、その背中に負われた幼児の喜びはどんなものだろうかと想像する。どうしても一雨一風に最も関心をもつのは農家である。豪雨にもかかわらず集まって来た学生の熱誠にほだされて、満二時間余りイエス伝の講話。しかし、閉会後に甚だしく疲労を感じる。

五月十三日（月） たいしたこともない事件で会議が長時間続く。私たちは独裁が会議よりも善なることを知る。特に、責任を分担するという意味で議決することほど卑怯なことはこの世にはないと思う。

五月十四日（火） 選手たちとバスケットボールの練習をして、身体の鍛錬に努める。

五月十五日（水） 朝鮮バスケットボール協会主催の中等学校連盟戦で養正軍は連戦連勝していたが、今日の決勝戦で接戦に接戦を続け延長戦に入り、一点の差で惜敗した。くやしくて夜は眠れなかった。

五月十六日（木） 日没後の西天から東天にかけて、水星、金星、火星、木星などの兄弟遊星がリレー選手のように並んでかかる光景がとてもきらめき輝いていて、家族と共に見物し賛嘆する。

五月十七日（金） 選手たちと共にバスケットボールに没頭する。

五月十九日（日） 今日の聖書研究会は臨時休講。

夕方、失言のために母上より叱責される。

五月二十日(月) 夜、某教友が来訪し、生活苦を訴える。情に負けて少しの物品を援助したが、彼の霊魂を愛するがゆえの苦言を呈することができなかったことが悔やまれた。紙切れ一枚にも足りない薄き我が愛を、悔やんでも悔やみきれない。

五月二十一日(火) 京城府、面議員の選挙日。政治に誠意や期待を抱いてのことではないが、私的な情誼に負けて面事務所まで出向いて一票を投じる。誰が当選しても面の政治に影響がありそうもなく、また、あってもなくても私の関心事ではないが、面協議員某公が「清き一票」をぜひ投票してくれと言うので、弔意を表す気持ちで投票場に行って来たわけだ。ついでに、時間を有効に使おうと、途中、担任している生徒の家庭を訪問し、こんな純良な家庭の子弟を教える職業が与えられた身を感謝して戻る。

五月二十二日(水) 『早稲田学報』で「道徳家としての坪内博士」という一文を読んで、同博士の他の一面を知ると同時に、いっそうの敬意を感じざるをえなかった。あらゆる事の基礎は道徳だ。文士もまた例外ではない。

五月二十三日(木) 昨夜食べ過ぎて、早朝から四、五回も下痢をした。私は「過食しても病まない健康な胃」をくださいと祈ったが、やはり、食べ過ぎすれば腹をこわして下痢するという法則が厳然としてあることは感謝であり、また讃美すべし。

五月二十四日(金) 毎日練習した甲斐があって、養正高等普通学校バスケットボール部が延禧専門学校主催全鮮(ママ)中等学校バスケットボール選手権大会に出場して、先ず京城師範学校にリベンジする。その快こころよさは隠すことができない。

五月二十五日(土) 延禧専門学校主催のバスケットボール大会決勝戦で優勝したが、優勝した喜びも束の間、運動選手たちの選手根性に、もう一度「無用な興奮」を発露せざるを得なかった。選手に選手根性、牧師に牧師根性、教師に教師根性、小使に小使根性、乞食に乞食根性、新聞記者に記者根性、僧侶に僧侶根性など、こういうものは犬も食わないのに。

小鹿島より佳信一枚飛んで来る。

金先生、『聖書朝鮮』誌第七十六号を受け取り、「癩患者よ！」（ママ）を読んだのは、すでに夕陽が赤く西山にかかり、物憂げな黄昏が宇宙を静かに覆い、カモメたちが巣に帰り始める、そんな夕刻でした。私は『聖書朝鮮』誌を受け取るや廉兄とともに瞑想しつつ頭を垂れて、金先生の私たち癩病患者たちに対する無限の同情に、患者一同心より深く感謝いたしました。私たち癩病患者たちは、家庭のお荷物、さらには国家、否、社会のお荷物として捨てられた者であるのに、金先生の空前絶後のありがたいお言葉、「私は君たちの僕（しもべ）」という人情美が泉のように溢れ流れる一句こそ、どれほどもったいなくもありがたいことでしょう。嗚呼、癩病患者らよ、眼があれば読め。耳があれば聴け。金先生の口を通して、この愛情を癩病患者に示された神を讃えよ。悲憤の涙が流れるほどに泣け。私は感激して『聖書朝鮮』誌を再読いたしました。（後略）

先生、孤独で呪いに泣き福音に飢えた私たちに、福音のニュースを宣伝し、真実な福音のラッパを小鹿島に向かって吹き鳴らして下さい。現在三千人の癩病患者の生霊は動いております。筆者が万一詩人となっていたら、金先生の論文を詩歌としたろうし、文人であったら先生の熱情を社会に広く流布したろうが、筆者はそのどれでもない。

ああ、先生、小生はただこの広々とした地上で、私たち癩病患者一族の唯一の親友だと先生に対して賛辞とお礼の感謝をささげます。先生よ、小生の条理に合わない不十分なこの拙文を、キリストの愛でお受け取り下さい。小生は最後に金先生に対して詩一句を吟じようと思います。

満天下の読者諸氏よ、お聞きください。

青空にかかる半月よ何処（いずこ）にか往かん
活人洞に往かんかな○○○先生にこの言葉を
伝えておくれ三千人の哀れな癩病患者を
小生は感激した語調で呼ばわらん
ああ、先生、柔らかき懐の中に
われら癩病患者を抱かれかし
神に祈る先生の事業が
天空に金星のごとく永遠に輝かれよ
金先生よ、われらに向い
癩病患者らよ！　と大声にて呼ばわれかし永
遠に永遠に

五月二十日　南生里で　金桂花　敬具

五月二十六日（日）　慈雨。午後の聖書研究会に宋斗用兄も来て参加。ロンドン・タイムズ紙の報ずるところによれば、大英聖書公会は、昨年一年間に新しく十四か国語の聖書を翻訳刊行。今から二十五年前には四百二十四か国の言語で一年間に六百六十二万冊を発売したが、今年度現在では、六百九十二か国の言語で一年間に千九十七万冊を刊行したという。もちろんこれはイギリスの大英聖書公会の出版に関するものだけだから、アメリカ、ドイツ、フランス諸国で刊行されたものを積算すると、どんな現代人であっても人類としての深い霊域で、「聖言」を学ぼうとする人々の要求がどれ程切なるものであるかを推量できる。

五月二十七日（月）　雨後晴。今なお雨量は不足している。今日、小鹿島より便り（省略）。

五月二十八日（火）　家族に三人の病人が生じ、我が家だけが病苦に苛（さいな）まされたようだ。本誌七十七号はいつもの月よりもページ数を増やして、二十八ページで今日出版許可願いを提出する。

五月二十九日（水） 学校では臨時試験が始まる。暇をみては『聖書朝鮮』の校正。新たに先生になった誌友からの便り、次の如し。

拝啓、緑陰濃き候、先生におかれましてはますますご健勝であられ、博物界についての新たなご研究もなさり、ご趣味の多いことをうかがっております。私は高等農林学校在学中に格別のご指導を賜ったのみならず、『聖書朝鮮』誌までご恵送いただき感謝の言葉もありませんでした。卒業時には忙しさにかまけてそのまま帰省し、以後、赴任するまでパンの問題を解決するために霊の糧の問題をなおざりにしてしまい、失礼千万とまことに申し訳なく思っている次第です。本日誌代〇円を同封いたしますので、その旨ご了承のうえご寛恕いただきますようお願いいたします。敬具

五月二十五日

〇〇高等普通学校〇〇〇拝上

五月三十日（木） 印刷所に行って校正。咸錫憲兄の「朝鮮歴史」、受難の五百年第四回、壬辰の乱の部分を校正しながらたびたび涙を拭うと、隣りの机で校正している人たちは私をおかしく思うようだが、仕方がなかった。クリスチャンは自分自身のために悔い改めるばかりでなく、同胞兄弟の罪のために懺悔をせざるを得ず。ただ現在の家族と同胞のことだけではなく、遠く先祖伝来の罪の種を除くためにも、切実に悔い改めざるを得ない。

三百年は決して遠い過去ではない。我々にアダムの原罪を説明しても充分理解されないことはないではないが、義州（訳註・朝鮮の西北端の町）まで避難しながらも東人、西人の党争（訳註・李朝中期以降、儒教の学派をもとに形成された両班の派閥争いで、四つ党派

があり、その二つが東人、西人とよばれる）のみを事とし、神の与えられた試練のチャンスを空しく流失した先祖たちの根深い罪悪を叱責されることは、私が朝に犯した罪を、夕方譴責（けんせき）されるのと少しも異なることはない。私のふくらはぎを鞭で打たれるよりもっと痛く、私の皮膚を針で深く刺されるよりももっと耐えられずして泣く。

私の涙は、政治、軍事に対する悲憤の感情でむやみに流す涙ではない。ただ純粋な宗教的な意味で、霊魂の深い所で、布衣（ふい）を着て灰をかぶり、伏して悔い改めざるを得ずして泣くのである。

英雄的な歴史物語の草稿を書き、半島の青少年たちを奮発させようとするだけならば、どうして必ずしもキリスト者である咸錫憲兄を要しようか。だが、この亡びた民の病源を深く打診して、その脳脊髄にまで神の「聖言」で透射しようとするために、「朝鮮歴史」が成ったのであり、この強い光に照らして察すると涙が流れるのである。午後九時ごろまでに校了して、出版が許可される時刻に印刷するよう依頼して、発送する日に誌友の喜びが大きいことを想像しながら活人洞に向う。

五月三十一日（金） 誌友の待ちわびる心を想いつつ、六月号の印刷ができないまま月末を過ごす。あるマリア（訳註・女性信徒）からの便り以下の如し。

先生、愚かな私にも繰り返し福音を伝えてくださるのに、私は力強く主の前にも出ることができず、ただ出て行こうという思いのみが小さな胸の中に充満しています。それは他でもなく、姑夫婦がいて宗教に理解がないため、聖日を守るために出かけることが騒動の元となると思って教会にも行けず、先生がお送りくださる福音を感謝していただいているだけです。今後は教会にも出席して真正（まこと）の信徒になろうと決心しています。一度先生をお訪ねしたいと思いますが、孔徳里なのでここから行くには遠く、学校へ行こうと思いましたが、南大門の外にあって初めての者には探すのが容易ではないというので、案内を頼んで行こうと思いましたが、双方の都合の折り合いがつかず、いまだ一度もお目にかかれずにいる始末です。数年にわたってこのような福音を伝えてくださったのに、しっかりした信仰を持つことができなかったことを申し訳なく思う半面、ようやく信仰を持つようになった今日、先生には何と言って感謝すべきなのか言葉もありません。小鹿島から送られた「宇宙に充満する神の全幅の愛で」と「福音の中で」という お二人の文章は、復興会（註・リバイバル集会）での牧師の説教よりも私には力となりました。この文章を見るにつけ、『聖書朝鮮』誌の力がどれほど偉大なのか、主と先生とが霊的に通じていて、人々をこのように感化するということに対する感謝は、愚かな私の拙筆拙文ではとても表現のしようもありません。これからも沢山のご指導をお願いいたします。

五月二十九日　　〇〇〇拝上

六月

六月一日（土）　『聖書朝鮮』の発送日なのに、発送できず焦る。学校では試験監督。

六月二日（日）　聖書研究会を臨時に休み、午前八時四十五分の列車で水原行き。農事試験場で開かれる朝鮮博物学会に出席するためである。

六月三日（月）　今日で臨時試験は終わる。

六月四日（火）　今日は、午後六時五十五分から三十分間、課外講座の校内放送を試みる。半時間を一人で座して話すのは快いことではないが、天然と人生の関係は話したい題目だった。

六月五日（水）　午後に校内放送第二回。昨日は「虎の話」、今日は「牛に関するもの」。初めての放送で思い通りに運ばなかったのは遺憾。

六月六日（木）　龍山警察署から、『聖書朝鮮』誌に連載している「聖書的立場で見た朝鮮歴史」の筆者咸錫憲氏の住所を知らせよとの電話があった。

六月七日（金）　毎月送っていたものが送れないので、次号の原稿の執筆もできない。心配、心配。焦りに焦る。

六月八日（土）　今日は夕方から熱が三十九度にもなり、床に臥して静養せざるを得なかった。

六月九日（日）　同じく熱が三十九度近くあり、午後の聖書研究会を行うことができなかった。尹台榮、趙誠斌両君が感想を述べて讃美と祈りで会を終える。

六月十日（月）　多少熱が下がったが、完全な授業はできずに戻って就寝。

六月十一日（火）　熱が相変わらずなので、漢方薬を止めて朴博士の診察を受ける。二十四時間以内に熱が下がらなければ、重症だと診断される。

六月十二日（水）　熱が少しずつ下がり始める。

六月十三日（木）　昨日までの熱が完全に下って、仕事に就くこと従前通り。今回のように死に関して具体的に考えて見たことは以前にはなかった。そして切に願ったのは、行政機関の最高権力者の名義で『聖書朝鮮』誌の即時廃刊が指令され、宇宙の主宰者であるヤハヴェの神から私の霊魂が呼び戻されて、この非常に窮屈な世の中の暮らしを一日も早く中止するようにして下さることであった。早く自由に真理を探求し、自由に語り、自由に文章が書けるあの国が限りなく慕わしい。

六月十四日(金)　すっかりあきらめていたバスケットボール部をやむを得ない事情から、また監督をすることになる。今日は第一高等普通学校との試合で快勝する。

六月十五日（土）　警務局図書課に行って見たもの

の、何ら得ることの無い往復であった。今では心の焦燥もなくなって如何ようにもなれという心境で、むしろ心は軽快になった。

六月十六日（日） 午前中は某教会の敬虔な長老が来訪。全身全霊をもって忠誠を尽くす教会の営みが、たった一人のために狂ってしまう内情を話して、善後策を教えてほしいということだったが、私としてはどうすることもできなかった。方策を知らないわけではない、わからないわけではないが、教えても実行しないから役にたたない。教役者自らが判断して辞職願まで出したのに、明日の衣食の心配をして居座ってしまったというのだから、いくら雄弁を振るっても、牧師の話は信徒らの耳に届かなくなったという。ましてや、こんな場合には老会（註・長老派教会の各教区の牧師、長老の代表による会議）や総会で転任でもさせれば教会に及ぶ害毒も少なかろうが、これもままならぬ様子。このままにしておけば、牧師は夜盗虫（訳註・夜盗蛾の幼虫）となるしかない悲しい有様。長老と心配を共にしながら教会のために祈る。

六月十七日（月） 『聖書朝鮮』誌第七十七号を編集し直して提出する。「朝鮮歴史」が題目としても扱えなくなったからである。

意外な人からの葉書、次の通り。

いつの間にか、もう人は暑さを語るようになりました。山野のあらゆる草木も一年一期に生きた本意を果たそうとして青黒くなり、田ん圃の中のおたまじゃくしも、水中から元気よく離れて大気を呼吸する準備中のように見えます。

私は備えられた道を離れて荒野に立ち、正しい方向に足を動かそうとするのですが、こんなにも力の要ることでしょうか。毎月初旬ともなれば、先生に対面するかのようにして読む『聖書朝鮮』も、今月は中旬になっても受け取れず、一層孤独を感じます。先生のご健康を祈り、これで失礼いたします。

六月十八日（火）　普成専門学校対朝鮮日報社の喧嘩で世の中は騒がしい。小鹿島の盲人の癩（ママ）病患者の信徒からの葉書に、

金先生、キリストが無償で流してくださった宝血と、先生が無償でくださる『聖書朝鮮』は同じものと思います。私は主の前に出た時に先生にお目にかかります。云々

六月十九日（水）　六月号に何か障害があったのかと、照会一、二通。かなり我慢して待ったとのことだが、今後は先に受け取ったものが終刊号であり、新たに送られたら創刊号だと思ってくれることを再びお願いする。主筆の怠慢もあるが、主筆の思うように早く送れない内情も見極めてくれることを。

咸錫憲兄の葉書次の通り。

お手紙ただ今頂きました。平安を祈ります。「朝鮮歴史」が掲載できなくなったとのことですが、何がまた、どこが不穏だというのでしょうか。もし聞かれたならば、できるだけ詳細に知らせて下さるようお願いします。そして、今後そんなに困難な状況ならば、「朝鮮歴史」を載せるのを中止するのがよいようです。それを犠牲にしてでも『聖書朝鮮』誌は発行されねばなりません。今月号分の原稿も今日発送はしましたが、読まれて少しでも憂慮する点があったら、はじめからやめて下さい。今回も字数が余りにも長くなり、できるだけ簡単に書こうとしたのですが、林慶業（訳註・李朝の将軍。清の侵攻に抗戦した英雄）にこだわってむやみに長くなり、「五百年」は終わる予定だったのができませんでした。語句が問題ならば幾らでも訂正しますが、思想が問題ならばやむを得ず中止するより外にありません。真理でさえあれば、主は他の

方法でもできるようになされるでしょう。以上。

六月二十日（木）　夕食後に町内の長老教会の区域集会で、第一コリント書第四章七節以下に依って説教する。六月号の督促が絶えない。

六月号『聖書朝鮮』誌が届きません。どんな理由か、小生はいつも霊と肉の間で葛藤していましたが、とうとうお尋ねします。どうか速やかにお送りくださいますよう、切に願います。もしかして、何か異変があるのなら詳細にお知らせくださるよう、お願いいたします。

六月二十一日（金）　李洙卓の無罪釈放が市内の話題。弑父罪（訳註・子が父を殺す罪）という無実の罪を被って九年間獄舎に身をおくこととなり、初審と再審で二度も死刑宣告を受けたのに、第三審高等裁判所で無罪になり白日下の人となって出てきたのだから、不思議と言えば不思議なことだ。しかし、私の興味は、他の点にある。さらに完全なる弁護士であるイエス・キリストが私たちの仲保者として立つ日に、九年どころか九秒もかからない完全な法廷で、公平無私で完全無欠な審判を受けることのできる日に思いを馳せ、私たちの霊魂は喜び踊らざるを得ない。私という人間は仇の眼に映るところはもちろん、友の目から見ても偽善者であることは間違いなく、兄弟たちや親戚たちからも憎まれ者であり、自分で判断しても、死んでも当然の罪人であると告白せざるを得ない罪人の頭であるが、至純至聖であられる主キリストの審判台の前で、一片の信仰の故に今日の李洙卓のように白日下を闊歩のできることを思うと、目頭が熱くなるのを感じる。

六月二十二日（土）　今日、本誌第七十七号の発行許可を得て印刷所に回した。今なお督促の照会は絶えない。

拝啓　貴社で発刊される『聖書朝鮮』誌を購読したく、先月十五日ごろ誌代半年分九十銭を振替で送付しましたが、六月中ごろになっても『聖書朝鮮』誌は到着せずに、何ら消息もないので甚だ失礼ですが、如何なる支障が生じたのか詳細にお知らせ下されますよう鶴首して待っております。

六月二十三日（日）　午前中は蔓落花生の畝を作る。午後二時に集会で「イエス伝」第八講。

六月二十四日（月）　第七十七号が印刷できたので、今日ようやく発送。今日も六月号についての問い合わせの葉書が届いたが、発送後であったので返事は略す。夕方初対面の兄弟が来訪し、神学の勉強方法について教えてほしいと頼まれた。ひょっとして人違いをして尋ねてきたのではと思い、「私は神学を学んだこともなく、神学校へ推薦することのできる教職者でもない。中等学校で博物と地理の科目を教えている者だ」と告げたところ、『聖書朝鮮』であなたが誰であるかを知って来たと言い、ひょっとして学費を求めようという心積もりかと思い、『聖書朝鮮』発行にあたって人を喜ばすのに使う金は全くないと言ったところ、学費は十分にあるという。それで初めて私の思う所を語ったが、要するに語学を努力し、聖書を学べということであった。

六月二十五日（火）　あまりにも発行が遅れるので、本誌の廃刊を心配する者のあるのも無理からぬことだ。

拝啓、貴社の様子が気にかかり、こちらの様子を詳細に申し上げないまま、貴誌の近況をお尋ねいたします。○○○氏のところにも今月号が届かないとのことで、『聖書朝鮮』誌続刊について彼から多くを耳にし、いろいろと憶測が起きますので、なにとぞ簡単な説明でもお聞かせください。

来月号も約束はできないが、しかし、主キリストがお許しになる日まで続刊できるであろう。思うままに行かないこの世で、仮に今回のように遅れても、決して心配はしないようにと伝えた。

六月二十六日（水） いろんな先生たちと共に某氏の招待を受けて、市内の国一館での宴席に出る。今は老妓となった当代の名妓趙牡丹と李竹葉氏などの、朝鮮固有の歌を聴く機会が与えられた。現代流行する歌曲よりも深重かつ幽遠な趣があるようである。

六月二十七日（木） 満州よりハガキ（省略）。

六月二十八日（金） 某キリスト教会代表二名が連名で送った「牧師追放通告書」なるものを見て、驚きかつ悲しむ。追い出される側にそうされる理由があったとしても、追い出す側の処理方法が穏やかでないことが不快だ。こんな教会の代表者のような輩がイエス当時にいたならば、「あなたがたの中で罪のない者が、まずこの女に石を投げつけるがよい」（ヨハネ八・七）と命じられるとき、第一に、最初に石を投げたであろうし、彼らは女を石打の刑で打ち殺すことが、彼らの「キリスト教道徳と体面を保つため」だと確信したことであろう。恐ろしく、また、憎むべきことである。

六月二十九日（土） 京畿道学務課主催で京城府内の各中等学校職員テニス大会が明日だといって、養正高等普通学校も職員の中から選手三組を選び必勝を期しながら猛練習中。私も選手の一人に選ばたので今日も日暮れまで練習して、明日も午前七時から出動せねばならぬところだが、原稿書きと日曜集会の準備のために、やむを得ず単独行動をする。

同僚の心に合わせられないことと、上位の先輩の意思に従えないのは甚だ心苦しいことであるが、どうすることもできない。永遠の福音を伝えることのためには、他の万事は従属的に存在すべきであるが故に。

小鹿島からも督促の照会次の通り。

雲の中から発する神の生きた言葉の岸辺から、月々時々に生命の言葉の洗礼を受け、聖書の御言葉通りの福音のラッパを鳴らされる先生。小羊イエス・キリストの心臓から泉のように湧きあがり川のように流れる生命の紅い血、蜜よりも蜜のかたまりよりももっと甘い福音の甘い乳を、限り無く飲ませて下さることをこの上なく喜びます。先生が送って下さった『山上の垂訓研究』と『聖書朝鮮』誌は、愛読しまた熟読するごとに、何時も生命の躍動が少なくありません。しかしながら、ここでの小生が甚だ心配でやるせないことは、愛慕する『聖書朝鮮』誌今月号七十七号が今に至るまで到着しないのはどういうことでしょうか。何か事故でもあったのかと甚だ懸念しております。

おお、荒野の女のように産みの苦しみをされる先生、今日の赤竜、すなわち、法と組織に迫害されながらもたゆまず進まれますように。主イエスに万事をお祈りいたします。早く通知をお願いいたします。

六月三十日（日） 午後二時から聖書研究。今日で今学期の研究会を終えた。閉会後に、会員中の有志らと共に、漢江で船遊びをし水泳をする。ある誌友からの葉書の一節に、

貴誌六月号を嬉しく拝読いたしました。六月号を受け取ってみると、胸中に新たに創刊されたもののような感じが生じます。しかし、実のところ、毎月毎月が創刊でなくてなんでしょう。新たに創刊が続きますことをお祈りいたします。

七月

七月一日（月） 某牧師の言行を詳細に記録した書類を目にして、憤慨、恐懼(きょうく)せざるを得ない。人間が自らを手腕があり知略に長けていると自惚(うぬぼ)れると、必ず恥辱を受けるということが神の本性のようだ。ヤーウェは辱めを受けることはない。

七月二日（火） 当直しながら夜更けまで原稿書き。日本の大阪・九州地方に三十年ぶりの大水害の報道があった。

七月三日（水） 『聖書朝鮮』六月号がうまくいかなかったことで気落ちして、その後、七月号の編集に取り組んでも原稿に手がつかなかったが、今日までにやっと「城西通信」を書き終える。

七月四日（木） 七十八号の巻頭の短文が容易に書けない。家で出来なければ学校で、学校でうまくいかねば家に帰って来て書くこと数日。書いては捨て、書いては破り、そうすること数回。これまでもしばしば難産であったが、今度は格別にひどかった。今日も博物室で、幾時間も孵卵（ふらん）中の雌鶏（めんどり）のように原稿用紙を握りしめて座っていたが、どうしても書けなくて腹立たしく怒りの気持を静めようと決起したまではよかったが、そのために思い立ち、宿直室で囲碁三回に及んだ。碁も三戦二敗したので、怒りの気は静まるどころではなかったが、その間に二時間という時間が永遠に流れてしまったことを悟ると、悔しさと後悔の気持ちが新たに胸にこみあげてきた。博物室に隠れて切歯痛哭。一度失った時間を再び取り戻す道理もなく、ただ自責のために早朝まで執筆。今日すべきことをやっと成し終えた。

七月五日（金） 明け方、鶏小屋にイタチが侵入。悲鳴を聞いて驚いて助けに行ったが、幸いヒヨコも母鶏もみんな無事だった。徹夜したおかげかな？授業時間の他は校正。

七月六日（土） 授業時間だけ終えて帰宅し、校正また校正。朝の四時までに初校を終える。

七月七日（日） 自由になる初めての日曜日。彰義門外に某先生を訪ね、途中弘濟の火葬場を過ぎつつ死について想い、鞍山を越えて奉元寺の道端で野イチゴを摘みながら帰宅。

七月八日（月） 全職員を招待してくれた某氏の還

暦の祝宴を欠礼して校正。不良少年として有名であり、落第して帰郷した生徒からの葉書の一節に、「私はここに来てから、何ら変りなく暮らしています。以前在学時代に実行した日記は今も実行中でありま す。云々」と述べ、強制的にやらされていたことが今になって有り難いという。当時、この生徒のような者は劣等生であり人間の屑とばかりに思っていたが、教師に嫌われ退学し、帰郷して何年か経ったのにこうした気持ちをもってくれる。しかし、在学当時は学力優秀で品行方正、教師の寵愛を受けながら卒業して行った者で、その後葉書一枚くれない者は一人や二人ではない。人間とはこのようなものである。

七月九日（火）　セブランス医院に肺結核で入院中の担任している生徒を見舞う。関西学院神学部に在学中の李君帰省中に来訪。大阪付近の朝鮮人キリスト教会の事情をたくさん聴く。張道源牧師の緊急の手紙に答えたが、それが的外れでなければ幸いである。

七月十日（水）　第七十八号出版許可が下りて印刷所に回す。「朝鮮歴史」の原稿では秀吉の辞世の句が「露と落ち……」となっているのを図書課の西村先生が「露と置き……」だと訂正してくれたことは有り難い限りだが、同時に校正者としての自分の無学、無知を深く恥じる。

七月十一日（木）　延禧専門学校対東京文理大バスケットボール試合を見学。肉体や技術以外にも、心的要素が勝敗の重要な役割を担うことをまた学ぶ。

七月十二日（金）　第七十八号が印刷されたので、今夕発送。

七月十三日（土）　第一学期試験始まる。

七月十四日（日）　エレミヤ書を読めば読むほど、古代史の知識の欠乏を痛感。

七月十五日（月）　試験監督と採点以外の時間は執

筆しようとしたが、意外と忙しい。

七月十七日（水） 陸軍大臣と教育総監との意見が衝突して、強硬手段として教育総監が辞職したが、その影響がどうなるかとても注目されるとの新聞報道。久しく病床にある兄弟から、

主イエスの恵みによって常に平安であられることを祈ります。私は神のお慈悲で猶予を与えられ、今のところ悪化はしないことを感謝しております。先日お送りくださいました『聖書朝鮮』は一月号から七月号までと、十九号、五十号二冊すべて受け取りました。号ごとに溢れる真理は、愚かな私にもキリスト信者としてのあり方を示してくださいました。この感謝感激は言い尽くす言葉もありません。さらに、先生におかれては、この役割のために身体にさらなる無理が加わるだろうと、心配しています。また、七十六号五月三日付けの「城西通信」（訳註・本双書第4巻の「凡例」に説明あり）の一文は、R兄のようでないことに驚かざるを得ません。兄の健康が以前のようでないことに驚かざるを得ません。先生、『聖書朝鮮』の代金を送れずにおり、いつも不安に思っています。少額なのに、家中に不幸が絶えず、いまだ送金できずにおりますのでお許しください。この負債が心苦しいので、なにとぞ、私があらためてお願いするときまで発送を止めてください。ただ、真実な祈りの中でR兄と先生とともに暮らし、お二人の平安を祈ることに勤めます……。

無償で受けてもいい人はかえってタダでは受けようとしないので、これも心配。

七月十九日（金） 第一学期の試験が終わった。病魔と不如意な環境で戦う誌友から手紙が来た。

七月二十日（土） 第一学期の学業を終えて生徒たちは今日から休暇。ただし、教師は成績評価に昼夜

没頭することとなり、その上、本誌主筆は七月三十日から八月三日頃までの四・五日間、平壌方面へ旅行することとなった。誌友、知人も訪ねたいと思うが、バスケットボール部の選手を引率することとなるので、どうなるかはわからない。

七月二十一日（日） 集会の責任はなく、終日、第一学期の成績評価つけ。（訳註・満州からの便りは略す。しかし、この便りへの金教臣のコメントが左の如し）

ハングルだけで書いてもらいたいとの要請は、満州ばかりでなく内地からもしばしば求められ、主筆もその要請の当然なるを悟り、その方向に多少とも努力して見た。まず、漢字を少なく使い、時には純ハングルで巻頭の短文を書いて見たが、労するところ多きに比べて効果は幾らもなかった。「ハングルで書いても、内容上やはり相当な漢文の素養のある人でなければ解せない程のハングルである」と評する人もあった。ハングルだけで書いて、もっと広い読者層に頒布したい考えもなくはないが、私自身、平易に書くことが甚だ難しいことを発見した。人にはそれぞれ異なった使命があるように、本誌の分野も限定されているようだ。

少数は元来覚悟の上である。ただし、嶺南地方（慶尚道）では『聖書朝鮮』のこの欠陥を補うために、『信友』という表題で印刷物第一号が刊行されたといい、さらに満州で『聖書朝鮮』がハングル訳で発刊され、この二姉妹誌により、漢字の不便を覚える人たちに便宜が大きいであろう。その他に、小鹿島では癩(ママ)病患者の兄弟同士でハングル訳にして輪読し、癩病患者の盲人には、目明きの癩病患者の兄弟が朗読して、一度に多くの盲人に聞かせているというから、感謝であり、また済まないことである。

七月二十二日（月） 第一学期の学業成績作業終わる。昼夜兼行といえる作業をひとつ終えてみると、その次には本誌第七十九号の校正が机の上で待っている。連日の豪雨で養正高等普通学校の向かいの西界洞では、家の崩壊で家族四人が同時に惨死し、京義線の一山—金村間も一時不通となる。

七月二十三日（火） 終日校正。一日千秋の思いで待つ父母の家に帰省した生徒からの便りに、

（前略）当地は毎日雨天です。しかし、農作物への被害はそれほどないようです。それから、着いた日に、叔父から旅費を送る前からそんなにも家に帰りたいのか、これから数十年家を離れての生活をするであろうに、そんなことでどうやって成功するつもりなのかと、厳しく叱られました。私は、家に一日でも早く帰ればそれだけ喜んでくれると思ったのですが、反（かえ）って叱られました。厳しい父兄の教訓であるのでいっそう心にとめ、聖書研究時に先生が教えてくださったお言葉を終夜寝ながら再考いたしました。云々

なるほど、信頼に値する父兄！

七月二十四日（水） 学校博物室で朝から讃美をし祈る中で、聖霊がこの頃の豪雨のごとく降り注ぐ。このところの長雨で、漢江の増水は十メートルと報じられる。麻浦一帯は泥の海と化す。今日も校正。読んだものを再校、三校、四校、五校、六校と繰り返して校正することは、決して愉快な作業ではない。知者や策士には一日たりとて耐えられないことだろう。しかし、校正して『聖書朝鮮』誌が毎月出るのであれば、十回でも百回でも校正せよと言われればやるだろうが……。こんなことを思いもするのだから、なんと愚かな者か。

七月二十五日（木） 印刷所で校正し、また持ち帰って校正。前金が終わる読者からの葉書に、

貴誌購読規定を見て、即座に誌代を送ろうとしましたが、近日中にはどうにも送金できませんので誠に申し訳ありません。九月中旬、平壌

神学校に帰校する時に先生をお訪ねするつもりです。その時には必ず清算いたしますので、続けて貴誌をお送りくださるようお願いいたします。しかし、これも規定にないこと故に許されないのであれば、やむを得ず九月に七月号までを合わせて見るか、或いは、その間に送金できるようになることを期待するしかありません。

実に切なる要請ではあるが、例外を作らないと決めて、巻頭の別文の主旨を再度宣明する。販売政策上は全く駄目なことだと知りつつも、我々の信仰、我々の世界がこんな類の問題を抱えていることを承知しているので、当分の間は正しいと信じる信念どおりに進むこととする。

七月二十六日（金）　総督府に行ったついでに、前から心の中で願っていた小鹿島の事情を知りたくて、学務局社会課を始めあちらこちらを捜して、結局小鹿島は警務局衛生課の管轄に属することがわかり、折よく全鮮（ママ）衛生会議開会中で、小鹿島更生園長の周防正季博士が京城に来ていることを知った時は言葉にならないほど嬉しかった。しかし、今日は会議と宴会が続いて面談する時間がないというので、『朝鮮癩予防協会概況』及び『同事業報告』という二種類の印刷物をもらって帰って来た。

学校に行って宿直しながら読むと、昭和八年二月現在の朝鮮癩病患者総数は一万二千二百四十二人であるが、官私立病院に収容された数がまだ五千人に満たず、この癩予防協会の事業に協賛するには巨額な財産ではなく、年三円ずつ五年間に十五円を寄付するか、または一時に十円を寄付すれば終身正会員になれるという。ひょっとすると更生園長に会えないのではないかと考えて長文の手紙を書きながら、園長が京城を去る前にどうしても面談の機会を許されるよう願いながら、小鹿島を夢見ながら床に就く。

最近は小鹿島でなければ満州、満州でなければ小鹿島、その中間の半島は教役者と神学者に任せよ、である。

七月二十七日（土）　総督府衛生課で、更生園長の周防博士に面会する。小鹿島更生園の鳥瞰図（ちょうかんず）一枚を広げると、南部、北部、東部、西部と誌友の居所が皆指摘できそうである。一時間足らずの会談であったが、有益で嬉しい面談であった。小鹿島では宗派（訳註・各宗教における分派の意）を許容しないということが快聞の一。モロカイ島と違って、小鹿島訪問には難しい制限はないのがその二。しかし、惜しむらくは、誌友の誰それの個別的な消息が聞けなかったことである。夕方は市内某氏の強い懇願に勝てず、新築した住宅の落成式に出席すると同時に、氏が導いておられる教会の勉励青年会の創立会で、講話及び質疑応答で約二時間。疲れた身体で家に帰ると、夜中の十二時であった。

七月二十八日（日）　農業をする某兄弟より、秋の収穫の初穂が丁寧に包んで送られてきた。愛の贈物として涙をもって受ける。農夫が収穫を祭壇に捧げるときに、祭壇に捧げる犠牲の家畜はどこにあると言うのか？　兄弟に向かって感謝するよりも、主を仰ぎ見つつ、心身が震える。

七月二十九日（月）　昨夜食べ過ぎ。夜中に腹痛。今朝は下痢、当然。鉱物講習会で在京中のY君来訪、夜十二時まで歓談。唯物論の上部構造説と哲学専攻者の幻学説、某聖徒の愛唯一説、青年学生たちの万人救済説などに関して所信を述べる。

七月三十日（火）　今夜、バスケットボール選手一行十二名と平壌に向けて発つ。

七月三十一日（水）　午前六時二十分に平壌到着。午前中は休息、午後は平壌の師範学校で練習。ソウルの某雑誌社の出張社員が平壌まで来て拝み倒して集金する様子を見て、より一層前金制度を固守する必要性を感じる。

八月

八月一日（木）　全朝鮮中等バスケットボール大会で、午前には西鮮の覇者海州高等普通学校に勝ったが、午後は反対に光成高等普通学校に負ける。夕方には誌友Y訓導が来訪し、運動競技とは別世界で呼吸する。

八月二日（金）　突発的な事が生じて、全試合を中止して午後三時の列車で帰京。連日の長雨で大同江の水が溢れ出す情景は、澄んだ水で綾羅島の風景を自慢するよりも、無制限に発展する商工都市平壌を象徴するにふさわしいようでもある。

八月三日（土）　第七十九号を全面的に再度編集することとなる。後で代金を送るから、『聖書朝鮮』誌を続けて送れという催促が連続してやまないが、いちいち回答することもできない。個々の事情には同情を禁じえないが、我々はよき雑誌を発行し、あるいは、読者は読者となる前に先ずは真実な人間となるべきである。

八月四日（日）　平安北道の「我々のルカ」の、余暇の合間にする伝道の詳報に接して感謝。

八月五日（月）　第七十九号を編集しなおして、今日また出版願いを提出。『神学世界』誌第二十巻第四号の金昌俊牧師の「朝鮮基督教の満蒙宣教問題」という文章を多大な興味と賛同をもって読んだ。しかし、満蒙には監理教（訳註・メソジスト派教会）と長老教などの教派があってはいけないと決められているというのに、どうして朝鮮にはあってもいいのか。朝鮮監理教、あるいは長老教の神学校を卒業した教役者が、各宗派から派遣されていて、満蒙でのみ超教派の基督教を生み出せるのか、にわかには信じがたいこと。咸兄からの葉書に、

送ってくださった校正紙を受け取りました。新聞の報道ではその後水害が酷いようですが、

どれほど驚かれ、辛いことでしょう。毎年こうして被る災難も災難ですが、これを被る人間の身は、むしろ次第に無感覚になっていくようです。云々

八月七日（水） 宋兄来訪し泊る。

八月八日（木） 第七十九号の出版許可下りる。今日、母上のお供をして、東小門外で「水浴」治療。

八月九日（金） 柳達永君来訪。先進農村視察談と就職論。

八月十日（土） 楊能漸氏の並はずれた情報力と話術によって、咸興へ行って釣りをした話は大いに面白し。漁師が本職の先生も、就くべき仕事を選び誤ったか。

八月十一日（日） 午前九時に鷺梁津を発って冠岳山に登ると正午。恋主庵にて昼食と午睡。三幕寺コースで下山して新林里の清い渓谷で沐浴して、午後七時頃漢江鉄橋を渡る。

八月十二日（月） 平壌では朝鮮最初の自動車強盗が出現したと大騒ぎ。ところで、この奇妙な犯人は、日本人熊谷道次郎だという。

八月十三日（火） 市内に行ったついでに、担任生徒の家庭を訪ねた。また退学した生徒の家庭も数ヶ所寄ることになったが、次第に善良な人になっているようで悦ばしい事だ。実のところ、善良な生徒よりも不良少年が、過去を改め善に帰ることを知ることが教師にはより大きな興味であり喜びだ。昨日、東京で、永田鉄山中将が陸軍省軍務局長室で執務中に狙撃（訳註　実際は斬殺）されて絶命したが、犯人は最近転勤辞令を受けた某連隊現役中佐であると新聞が急報。今夜一時半まで執筆。

八月十四日（水） 咸錫憲兄の消息を知り安心。

原稿書きに困難を感じるのは、おそらく兄の方が何倍もだと思います。思いはあっても文章

がだめで、卵を抱いた鶏のように座っていてもだめです。今月号の通信欄の兄の文を読んで、

同感同情云々

八月十五日（木） 本誌九月第八十号の原稿を印刷所に送る。イタリア対エチオピアの戦争は、今のところ新聞が報ずるところによれば、急を要する状態の模様。

八月十六日（金） 京城博物教員会採集会に参加するために、午前七時半発の列車で仁川行き。帰途に誌友某氏が駅まで見送ってくれて話す中で、故李龍道牧師のことが話題となった。李牧師が晩年にどんな過ちがあったのか、世間で問題になった後には会えなかったのでわからないが、我々に残された彼の印象と彼が紹介した友達を見るにつけ、とても彼が悪人だとは判断できない。木の善悪はその実で知られ、人間の如何はその友によって判断されるのが古今を通じての鉄則。帰宅すると、東京から藤澤音吉氏が来訪。『人間内村鑑三』を著述するつもりであり、その材料を集めるための旅行中とのこと。内村先生の親筆で書かれた原稿数枚をくれたが、いわゆる内村の弟子という群れと世間の骨董品を愛好する者たちには、もうすでに宝物化されているように推測できる。遠からず内村神社建立の話が出ないとも限らないので、内村先生のために嘆くべきなのか？置いていかれた原稿がなくなる前に、二銭の切手を貼って申し出よ。もちろん、無償で進呈しよう。

八月十七日（土） 休暇中の当直で登校。

八月十八日（日） 午前中は生徒五、六人と「ムレサネ」。蓬莱町―龍山―梨泰院里―桃の畑―漢江里の鷹峰の下、薬水―水鉄里の水道貯水池までを一周。午後は母上を連れて、東小門外の清渓洞上流の滝まで「水浴」の治療。

八月十九日（月） 博物標本室のペンキ塗りのために大整理。整頓と焼却。大変だけれど時々しなけれ

ばならないこと。家族は幼児も含めみんなで清渓洞上流に水浴び。輔國門から北漢山城までの途中にあるこの滝に、伝来する固有の名前がないならば「養老の滝」とでも呼ぼうかと考えること数刻。ソウルの辺りにはない方法だが、水浴び治療の効果は多大だ。多少の設備を整えれば、我が家だけでなく、広くはソウル府内外の老人たちの健康をここで増進することができるだろう。胃腸病、眼疾患、皮膚病などはもちろんのこと、その他、リュウマチ、婦人病などいろんな病に効果が広がるだろう。

八月二十日（火） 登校して鉱物標本の整理。

八月二十一日（水） 鉱物標本整理の合間に校正。

八月二十二日（木） 高城の金成實氏入京中に面談。我々の共通の友達のために祈ることができて感謝。

八月二十三日（金） 登校して博物標本の整理の合間に校正。某高等普通学校の校長先生の便りに、

金兄、長い間御無沙汰いたしました。送ってくださった『聖書朝鮮』誌を通じて、金兄の近況を知りました。『聖書朝鮮』誌をいつも送って下さるのに、感謝を述べず申し訳ありません。毎月の定期購読者になっていなければならないのに、今になったことは恥しいことであります。今後購読者になりますので、購読を許して下さるようお願いします。少し前、鄙地で療養中である鄙校前校長○○○先生を訪問し、談話中に金兄の健康のことを尋ねると、身体は元々丈夫な方だということでしたが、送って下さった『聖書朝鮮』誌で見ると、金兄が咳をされたという記事があったとのことでしたが、私もそのような記事を読んだ記憶があります。S先生は自分が病気であるので、他人の健康問題を推しはかって考えるようですが、私が感じることは、金兄は過重労働であるということでした。中等教員の生活をしながら、それと同じく自分の心

血を注いている雑誌を、毎月校正までしているということは、誰でもができることではなく、「本当に勇ましい」と言う他はありません。しかし大変疲れることであるので、金兄の健康のことが念頭にうかんできた次第です。云々（下略）。

この雑誌購読希望者に対しては、「中世紀の神秘主義とルター」という題目で、『聖書朝鮮』誌十ページ分（約一万二千字）以上の論文を提出したら許可するというものであった。

八月二十四日（土） 母上を連れて清渓洞の養老の滝に水浴びし、その間に『アン・ジャドソン伝』を読み終わる。おいしい食べ物を勧めてくれる人がいるように、良い伝記を選んで送ってくれる人がいることは、私の霊的興味にぴったり合うことなので有り難く感ずること格別。ただ、今度の本は、巻頭の文章が派手すぎて、少しめくっただけでいやになって放り投げていたものだが、送ってくれた人への情誼を想って我慢して読んだところ、「カナの婚礼」のように初めの味よりも後の味が次第に良くなる。初めは文章に修飾が多く、後になると事実の記述が忠実であった。美文は虚飾、事実は雄筆。ともかく、伝記に関心ある兄弟はこの若き夫婦の自伝を一読すべきである。

八月二十五日（日） 金宗洽兄来訪。楊能漸氏まで加わって、これまでとこれからについて長時間議論。

八月二十六日（月） 担任生徒の死去の報に驚く。昨日、漢江で船遊びしていて溺死したというから、彼の父母の悲嘆はさらに深かろう。遺族を慰めるために市内の冷洞に行き、遺体の横でしばし祈祷。

八月二十七日（火） 今日約十通の手紙が配達された中に、封書三通は癩病患者の兄弟からの消息で、かなり頻繁に来る。その一、二は小鹿島から、その三は熊本県から来たものである。

八月二十八日（水） 朝、エペソ書の学び。夕には李昌鎬君来談。大阪辺りのキリスト教界の様子をたくさん聞く。今日まで九月号の校正。

八月二十九日（木） 早朝にピリピ書研究。夕方ラジオ・ドラマ「沈清伝」（訳註・李朝のハングルで書かれた親孝行物語）を聞き、涙を抑え難かった。ハンカチ一枚をぬらして、顔を洗ってからでないと人に会えなくなるまで泣いたのはどうしたわけなのか。外でもない、沈奉事（訳註・「沈清伝」の主人公の父）の一言が爆弾のように私の霊魂を撃破したためである。夜十二時に、全日本中等学校陸上競技大会で二百余校を制覇して凱旋した養正高等普通学校の選手を駅頭に迎えた。

八月三十日（金） 小鹿島の文信活君より便り。八十一号の「霊感から」の文章がそれだ。夕方には沈清伝のラジオドラマに感銘。やはり、我々の心には軍談や探偵小説よりも、『春香伝』や『沈清伝』の方がよりよく響くようだ。貞烈婦女の後裔に信仰の聖徒が出ないであろうか？　信仰にめざましいあるマリアの便りに、

（前略）先生の信仰からは未だに遠いですが、先生の感化のおかげで宗教を信じないでは人間らしい人間になれぬ事を自覚している昨今は、自然と一日に何回も膝を折り曲げて頭を下げて祈りをしています。今になってようやく宗教を理解するようになり、信仰なしには生きる事が出来ないようになったのは、ひとえに誠実なる先生の人格的な信仰の感化によるものと信じます。未熟な私のためにさらに導いてください。〇〇に引っ越して数日しかたっておらず、少し忙しいのでこれで終わります。

八月二十八日　　門下生　〇〇〇　拝上

我々はただ「来て見よ」とキリストを紹介するのみ。我々自身はひたすら土の器の破片であるだけである。

八月三十一日（土） 九月号も産みの苦しみの中で八月が過ぎてしまい、為すべき事を果たせないまま、四十日の休暇も過ぎてしまった。嗚呼！

九月

九月一日（日） 当番で登校。過ぎし四十日を省みつつ、新秋の新学期の計画を立てる。

九月二日（月） 学期初めに例のごとく担任クラスの生徒に訓話。訓話の一年間の合計は二時間に及ぶ。夏休み中に受け取った生徒たちからの便り、約百数十通の中で正しく書けたものはほとんどなく、ハングルの綴り方はなおさらでたらめなので、今日は文章上達の必要性を力説し、『學燈』七月号と『ハングル』第三巻五、六、七号等の李光洙（編註・近代朝鮮を代表する作家。親日活動に携わり、朝鮮戦争で北朝鮮に連れ去られ死亡）の文章論を座右に備えるよう勧める。博物教師の脱線が毎度のことなのだが、やめることができない。

九月三日（火） 井戸と庭にセメント補修。満州に増えつつある人々に聖書を教えている某教師の便りに接して、彼のために祈る。

九月四日（水） 九月号がようやく産み出されたが、産苦に疲れ、九十ページに誤植が二十五字もあったことは遺憾千万。追記で訂正する。

九月五日（木） 北国の牧者の便り次の通り。

謹啓先生、季節は変って行くようです。朝夕の冷たさは秋の気分をはっきり伝えてくれます。その間、先生のお宅の皆様はお変わりありませんか。先生の苦闘を遠くから心にかけております。先生におかれましては、必ず勝利の喜びを常に味わっておられることと信じます。全てのことに皆勝たれたキリストが共におられるので、「死に勝たれた主は生きた者の頭である。罪のあがないをうけた我々も彼と共に王とならん」。

いつも主の御手が共にありますように。先生、小生がこの北国に来て牛、羊と一緒に暮らすこと満一年になりました。人生の前途は誰が予測できましょうか。何処に行っても信ずる者には命の糧は何時もあるものと思います。

先生、残暑きびしき折、お身体に注意して下さい。主が何時も共におられるものとは信じますが、限りある肉の身体を余りに酷使されるようで、心配でなりません。小生は変りなく羊どもと毎日闘っています。妻子も皆こちらに来ています。北国にあって高句麗の魂を探してみます。先生、北国へ行くほど朝鮮人は稀なようです。自我の覚醒、朝鮮の再建などすべてのことは主の摂理の内でなされることを信じて邁進すべきと存じます。云々

九月七日（土）　某兄弟を通じて、誌友任愚幸氏の病状を詳細に聴いて一喜一憂。「国難に直面して人の真価がわかる」ように、信仰の健全か否かは不治の告知を受けた病床でこそ判明する。私たちの信仰の選手よ、最期まで任愚幸氏のように凛々（りり）しくあれ。

九月八日（日）　「ムレサネ」。安國洞に集合、李鼎燮先生の病床を見舞い、北岳山―城北洞―補土峴―文珠峰―養老瀑布―添渓洞から東小門。

九月九日（月）　昨日、便りに接したマリアを、今日の午後に訪ねる。再び円満に復縁する希望がないのを見て悲憤せざるを得ない。

九月十日（火）　咸兄の便りに、

前略「朝鮮歴史」は今後「生活に現れた苦悶の相」「苦難の意味」「歴史が示す私たちの使命」など三章が残りました。三回で終えて、今年中には終了となればいいのですが、どうなるでしょう？　云々

九月十二日（木）　秋夕（訳註・仲秋節、旧暦八月十五日）天は高く、月は明るく、心は踊る。主イエス・キリ

ストに向かって。

九月十三日（金）　気温急降下。いっきに秋の色。今日は、市内の雲泥洞に柳錫東兄を訪ね、久しぶりに旧交を温める。話を聴くと、これまで有形無形の群小悪鬼の輩の画策が多かったと。我々自身が誘惑に引っかからず兄弟たちを守るためにも、友誼の回復が必要であることを痛感。

九月十四日（土）　製図とバスケットボールの監督。

九月十五日（日）　聖書研究会。今秋の第一回目。会合の開始時間を午前十時に変更した。「所有物の多寡と生命」という題で、聖書研究の意義を再考する。午後「ムレサネ」。郊外の秋色、徐々に佳境に入る。

九月十六日（月）　北満州一帯を縦横に闊歩したことがあるというある若い女性の前半生の回顧談を聞いて戦慄を禁じ得ない。この世にあって子を持つこと、特に娘を持つことはいろいろな憂患の始まりなのだろう。彼女に対する憐憫を抑えがたく、その父母のために同情の嘆息を禁じ得ない。

九月十七日（火）　去る日曜日の午後「ムレサネ」への途中、黄昏に愛犬を文珠峰の頂上に置いて、捜しきれずに困っている老人の犬を救助してやったところ、その老人からねんごろな謝意として極上の菓子一箱を贈られた。

老人が先に自分の姓名を名のったのにつられて、自分の姓名を答えざるを得なかったことが禍となり、今日このような過分なお礼の品を受けるようになったことを、深く後悔する。

このような時には名のらずに失礼すべきか、あるいは嘘の答えをすべきであったか。とにかく、極めて小さな善行に対して大きすぎる謝礼を受けるのは、甚だ不安なもの。もらった菓子を、その日同行していた生徒たちと家の子供たちに分けてやり、今後も山中でも街路でも一層善き隣人とならねばと考えた。

九月十八日（水）　満州事変記念日。終日終夜騒がしい。全校生徒が龍山練兵場で演習光景を参観。

九月十九日（木）　暁、東天に下弦の月とアルタイル、オリオンなどの燦然とした栄光！　宇宙は広大だ。バスケットボール部の監督としての空き時間を盗んで原稿校正。

九月二十日（金）　大阪新聞は美濃部博士（訳註・美濃部達吉）の不起訴を伝え、同時に博士の声明書を報道する。今日の午後、日比野寛（訳註・旧制愛知一中で初めてマラソンを学校教育に導入し「マラソン校長」と言われた）という七十の老人が来校して、マラソンについての講演と実地指導があった。大変立派。

九月二十二日（日）　午前十時にマルコ福音書第一章二十九―四十五節に基づいて「イエス伝」の話。美濃部博士が前日の声明文を取り消した。

九月二十三日（月）　今日から養正高等普通学校創立第三十周年記念展覧会場の準備。その他にバスケットボール選手の監督と校正。

九月二十四日（火）　展示会場の設備だけでも昼夜と時間が足りないのに、大会を前にしたバスケットボール選手の監督と、発行期日が迫る『聖書朝鮮』誌の校正。文字通り息つく暇もない。

九月二十五日（水）　早朝から夜まで展覧会の準備。暇を見て午前午後、二回にわたるバスケットボール練習の監督と校正。連日選手たちと合宿。

　小鹿島の消息に心身が一新されるのを覚えた。巻頭の短文「村井先生の帰国に際して」というのがそれである。

九月二十六日（木）　雹（ひょう）が降る。午後四時半に全朝鮮中等学校バスケットボール選手権大会に出場。第一回戦で、今大会の最大強豪である平壌崇實中学チームに四十対三十一で悠々と勝ったので、今回の優勝は間違いないと、自他が語るのを耳にする。

九月二十七日（金）　展覧会準備の最後の日。校正もしなければならず、バスケットボール大会も観戦しなければならず、やむを得ずタクシーを駆って時間を稼ぐ。必勝を期していたバスケットボールが、かえって弱いチームに今日惨敗した。

運動競技の勝敗は体力の強弱で決まるものと思っていたが、体力よりも精神的な要素がもっと大きな敗因となることを悟ったのが、今度の収穫。強者に抑えられて負けるのも悔しいが、弱者だと軽視していて負けるのは、一層憤慨に耐えないことである。

九月二十八日（土） 午前四時に起床すると、今日は養正高等普通学校の創立三十周年記念の日である。午後二時から天下の諸名士が集まって盛大に式を祝うだろうが、私は私なりに自分の信念に従い、私なりのやり方に従い、この日を記念し祝福せざるを得ず、早朝博物室で独り記念式を行った。ローマ書第八章から朗読し、第九章三節の前半まで読んで、熱きものがこみあげ喉（のど）がつまって中断。

> 実際、私の兄弟、肉による同族のためなら、私のこの身がのろわれて、キリストから離されてもいとわない。

というパウロ先生の一句がいたく私の肺腑を突いたためであった。

過去三十年間の養正高等普通学校出身者と、現在在学中の生徒六百人と、将来蓬莱丘上に因縁を結ぶべき幼い魂たちと、また養正高等普通学校に携わった全ての先輩と同僚たちのために、「私のこの身がのろわれて、キリストから離されてもいとわない」と言うことができるだろうか、できないだろうか。

九月二十九日（日） 昼夜学校に泊まることが一週間となり、昨夜やっと帰宅した。作品展覧会だけは今日まで続くので、聖書集会を臨時に休んで登校。今日で三十周年記念事業も終えてバスケットボール部監督の任務も一段落したが、校正は未完成なのに疲労はいっぺんにふき出す。夕方、宋兄来談。梧柳学園が改善される様が嬉しい。

九月三十日（月） 展覧会場整理中に暇を見つけて校正しようとするので、なんだか大きな罪を犯すようだ。時間を盗むことも当然罪悪であろう。あるいは、私の過剰な良心のためだろうか！

十月

十月一日（火） 今日から京城府本局管内の電話が自動式に変わる。午前八時半に朝鮮総督府施政二十五周年記念式に参加。午前十時から校内大運動会。比較的暇な役まわりを幸いに、運動会の進行を傍観しながら『聖書朝鮮』誌を校了する。一人分の任務を果たしつつしたことではあるが、すまない気持ちを抑えがたい。運動会が終わってから宴会に加わる。

十月二日（水） 校内後片づけで休校。梧柳学園に先生を紹介するために往復。二度と紹介者にはなるまいとの誓いを破って、またこの有様。

十月三日（木） 朝鮮に天主教（訳註・カトリック）が布教されてから百五十年目ということで、平壌での記念大会は盛況のようである。

イタリアとエチオピアとの開戦の号外が出た。戦争を礼讃するわけではないが、やむを得ず遂行するべきことに出会うのは、腫物を切り開いたようにさっぱりすることである。

最近、宴会が続いて真に苦痛である。非常時の好景気によるものか、朝鮮八道の珍味が卓上にあふれ絶世の美女たちが左右に侍り仕えるが、とても宴会の席上に原稿を広げて校正することもできず、時間を割けないのが苦痛である。

身体は宴会の席にあるものの、心は『聖書朝鮮』誌を待つ誌友たちに思いを馳せて苦痛であった。意を決して今夜の宴会は途中で退席し、十月号発送の準備をしたが、新聞紙上で某顕官の明日一日の宴会のプログラムを見て、毎日一回ずつ一週間を続けるとして苦しみ疲れてしまう自分自身と比較して、多大なる敬意（?）と同情を寄せざるをえなかった。そのプログラムは次の通りである。四日午前九時、同十時半、午後零時半、同二時半、同七時など。少なくとも一日に宴会がおおよそ五回であるから、偉いものだ。

十月四日（金） 今日、第八十一号発送。避けようとしても避けられず、今夜の宴会には参加せざるを得なかったが、主客の挨拶が交わされている時を見図らって、月夜に盗人が身を隠すように、主人の目を盗んで会席から抜け出した。心苦しいことである。

しかし、今夜は生まれて初めてロシア式の洋食の接待を受け、地理学的に参考になり、気候風土と食物と民族性との相関性は興味あるところである。

十月五日（土） 授業後、三年生たちに、慶州旅行に関して苦楽を共にする中でよき友となり、生涯の友を発見せよと訓示をする等。

十月六日（日） 午前十時に、マルコ福音書第二章最初から十二節を学び、夜十時の汽車で慶州に向う。一行百二十名。

十月七日（月） 早朝大邱で乗り換えて、午前九時半に慶州西岳で下車。例のように案内者を連れずに独自のプランで鮑栢亭まで巡覧する。

十月八日（火） 午前中に栢栗寺を訪ねて異次頓（訳註・新羅時代、仏教を興そうとして殉教した人物）の故事に思いをはせ、邑内の博物館を参観した後に仏国寺に向う。影池で古人の真実性をまじまじと垣間見た後に、掛陵に参拝し、仏国寺に至ると黄昏となる。多宝塔と無影塔も充分に観賞する間もなく、宿屋に旅塵をはらった。月は明るく水の音は高く！

十月九日（水） 他校の例によらず、案内者の指導を退け、不便に堪えながら仏国寺に一泊するのは、早暁東海に日の出の偉観を吐含山上で眺めたいがためであったが、好事魔多しと言おうか、妖雲東天を深く覆ったので、今度の計画は思うように行かなかった。しかし、早暁四時に、提灯をともして登山した意気込みだけは壮快であった。下山して朝食後出発、午後二時に大邱到着。直ちに一行は啓星高等普通学校に行き、三年生同士の対抗試合をする。連日の睡眠不足と過労にもかかわらず、我が選手は善戦して勝利はこちら側にあったが、勝負よりも両校の親睦に顕著なものがあり嬉しかった。

第二戦として大邱師範学校に向う途中、こちらの強いことが伝わったためか、師範学校の選手たちは下校して試合不能だとの報に接して見ると、これは所謂(いわゆる)不戦勝である。戦術の極致！　大邱に敵する者無しで、ボールを旅館に預けておき市内見物。午後十一時半の汽車で北に向って出発。

十月十日（木）　午前五時半に天安到着。乗換えて温陽温泉に来て入浴して休息。特に健脚な者だけで五キロほど離れた顕忠祠に参拝。午後十時半に帰京し解散すると、ここまで責任を果たさせて下さったことに対する感謝の念が湧きおこる。

十月十一日（金）　学校は休校。ただし、登校してバスケットボール部の練習を監督する。

十月十二日（土）　四時間授業。バスケットボール部監督と明日の集会の準備。このため梧柳学園第一回大運動大会にも出席できず、母から叱られるのも当然のこと。

十月十三日（日）　午前十時に本社で、マルコ福音書第二章十三―十七節に基づいて「イエス伝」を話し、午後二時には市内の復活社の天佑堂で、一般集会の第一回。

十月十四日（月）　授業後にバスケットボール部監督。慶州旅行で撮影した写真の現像をする。未熟な腕ながら、写真となって見ることができ興味が尽きない。

十月十五日（火）　今日が養正高等普通学校開校記

念日。早朝、博物室の一隅で、この学校に集まる若い生徒たちが真理を探究してやまない学徒となるよう祈祷。

十月十六日（水） 満州の消息に触れて、笛吹く決意をまた新たにした。

十月十七日（木） 午前中執筆。午後、京城運動場に行ってバスケットボール部監督。第一回戦は快勝。帰途、漢城図書館に寄って校正。

十月十八日（金） 面識のない某姉妹から、

お目にかかったことはございませんが、先生を尊敬しております。C氏を通じて『聖書朝鮮』誌を知りました。先生の聖書研究会に、毎週は出られませんが出席しておりますので、そのため先生を知り、先生がお書きになった『山上の垂訓研究』も読むこととなりました。○○先生は、自分は朝鮮語がわからないからこれをあげるとおっしゃって、私にくださるので感謝して受けました……。

意外なところで意外な人に読まれているようだ。

十月二十日（日） 午前十時、「イエス伝」の研究。マルコ福音書第二章十八―二十二節により「キリスト教の特徴」を述べる。東京旅行の準備で、午後の集会は休講。朝鮮神宮の競技大会で、養正高等普通学校バスケットボール部が優勝する。

小鹿島から嬉しい招待状が届いたが、行くことができない。

キリストの生命の全てを常にあらゆる事件と事変において自由自在に生活なさる親愛なる先生、天より変わらず降り注ぐ恩寵と平安を無限にお受けになってお過ごしになられるよう、常に主イエスに祈り求めます。また、恩恵によって貴『聖書朝鮮』誌の上にも、ご家庭の上にも、聖霊のお働きとキリストの祝福の御手が絶えないことを切に求めます。先生のご生活がいつも遠くから『聖書朝鮮』誌上の真理として垣間見られ、たとえようもなく慕わしいです。先生に申し上げたいのは、十月二十一日に更生園の落成式があり、各所からの来賓が多いと思いますが、先生にもおいでいただけないでしょうか？云々

主がこれから良き機会をお与えくださるよう祈願。

十月二十一日（月） 海州の療養所から、

先生、お手紙が遅れました。全て私の罪です。私は先生に大きな負債を負っている者です。私はあまりにも多くの人々にたくさんの負債を負っています。これも神の大いなる愛によるものと思いますが、時に心苦しいです。これまでいただいた大きな教訓は常に心に刻んでおります。いまだ、健康は芳しくありません。衣食足りて礼節を知ると言う言葉のとおりなのでしょうか。私は苦しんでいます。先生、私が聖書学院で揃えた本が仁川の旅館にありますが、それを先生に差し上げたいとも思っています。どうしましょうか。云々

何も要らず。ただ、君に健康と恩寵を願うのみだ。

十月二十二日（火） 五山の咸兄からの手紙に、

深まり行く秋の日がなんとも美しいです。ご家族ともに平安であられますか？　弟も無事に過ごしています。校正紙は受け取ってすぐ訂正して李兄に回し、すぐに見て送るようにします。姜先生の伝道誌の原稿を同封して送ります。これに対しては特に大兄の意見を聞きたいので、直したり加えたり自由にしてください。姜先生の日常の言葉を三人に見てもらうべきだというので、毎月の文章も姜先生の原稿に私が数行訂正し、金兄が賛同したら良しとしようとのことです。ことに今回のものは姜先生だけではなく、私たちも書くべきとなればそうするのがいいと

も思いますので、お考えください。まことの信仰の主張の表明において足りないことがあれば加えなければならないでしょうし、教会の不信摘発においても間違いがあれば削除しなければならないでしょう。そして、見やすく簡単明瞭にしなければならないので、よくご覧になって思い通りになさってください。体裁は一頁にしなければならないでしょう。できるだけ費用も抑えてください。許可なしでできるならば、そのまま進めてください。そして、私たちも書くということに賛同してくださるなら、数頁くらい増やしてください。姜先生は、もともと信者だけを対象に、特にその中でも信仰の程度をみて書かれるのであり、誰にでもむやみに読んでもらわないと言われます。しかし、やるからには百頁だけではあまりに少ないようにも思います。そして、まことに申し訳ない話ですが、今年の冬期聖書集会の勉強を今頃になってやっと始めます。大兄がまだ読んでいなくても、日・英文の教会史で今入手可能なものを紹介してください。姜先生はすでに発ちました。

十月十八日　　　　　咸弟拝

冬期聖書集会は例のごとく咸兄に大部分を期待する。誌友たちは万難を排してでもこのチャンスを逃すべきではない。「朝鮮歴史」を聴けないことを後悔することのないよう、また「キリスト史」を聴く機会を放棄すべきではない。

十月二十三日（水）　旅行に出発する前に発送しようと、第八十二号の印刷を督促したが、どうやっても一日の差で発送することができなかった。

十月二十四日（木）　養正高等普通学校バスケットボール部の選手七人を引率して、午前十時五十分の列車で東京に向けて発つ。車窓に現れる自然の地形を学びつつ連絡船に乗り換えたが、「鮮人(ママ)」の取り調べが特に厳重なのは、「鮮人」の生命が格別に愛しいからだと推察する。

十月二十五日（金）　早朝に下関に到着してみると、山林が豊かに鬱蒼としているのが見事であったが、駅頭の街路に白衣を着た人（訳註・傷痍軍人）が多いことも眼につく。一昼夜、山陽線の狭い列車で揺られる。

十月二十六日（土）　午前七時東京着。西城館の老婆と多数の養正の同窓生が出迎えてくれる。本郷区弓町の西城館に荷を下ろす。午前中、東京文理大学を訪ねる。同校の体育館を借りてバスケットボールの練習。

十月二十七日（日）　豪雨。東京天文台が出来て以来初めての記録で、数時間で東京市内の大部分が水浸しとなった。文理大学の体育館でバスケットボールの練習。

今日午前十時、丸の内の海上ビル八階ホールで開かれる塚本聖書研究会に出席した。聴講料一回に参拾銭で、約三百人の会衆が熱心に筆記する光景は、まさに全世界に類のない現象ではないだろうか。

諸般にわたって整然とした秩序の中で行われていることも、全て驚嘆してやまず。それぞれの専攻部門で学位をもった専門の大学者も多く、会員の過半数はヘブライ語とギリシャ語の原文で聖書を読む青年男女であり、それ故に盛大であらざるを得ないのだろう。

十月二十八日（月）　バスケットボール練習以外の時間を利用して、東京市外の阿佐ヶ谷に信仰の先輩を訪問した。まず駅の南側に永井久録翁を訪ねたが、火災後新築した清楚な住宅は、翁の祈りの場所に適（かな）っているのを見た。言葉を交わしながら積っていた懐旧の情が全て吐露されぬまま、時間が過ぎること三、四時間。

場所を変えて、駅の北側に浅野猶三郎先生をその書斎に訪ねると、月曜日の「訪問日」であるといって、時間の制限なく安心して長時間談論した。信仰論とか行為論とかは両方とも全て私には有益だと答え、私が先生に鮮満（せんまん）伝道の再開を促したのは、六十翁の健康がかえって青年に勝るところがあるのを見たからであった。日暮れ時に辞去した。

十月二十九日（火） バスケットボール試合の第一回戦。今日は快勝した。夕方、荻窪の片山徹兄宅の晩餐に招かれる。兄は物理学士で現在陸軍士官学校の教授であり、ギリシャ語とヘブライ語の原文によく通じた聖書学者でありながら、『聖書朝鮮』の読者となってすでに五、六年。七輪ですき焼きを食べながら、最も親しい友誼をもって『聖書朝鮮』誌から独特な力を得たことを証して私を慰め励ますので、涙ぐまざるを得なかった。片山兄は中学時代まで京城で成長して朝鮮語によく通じ、今でも養正出身の李建杓君を通して新しいハングルの綴字法などの学習を怠らないでいるという。

しかし、その他の同学の信仰の友だちはそれぞれ離れていて、一ヶ所に集まって話す機会を得られなかったのは、済まなくもあり遺憾にも思われた。

十月三十日（水） 早朝に目覚めたので少しばかり読書する。今年も冬期聖書集会の勉強が充分できず宿所にまで参考書を携えて来たが、臨渇堀井（りんかつくっせい）（訳註・喉が渇いて初めて井戸を掘る。盗人を捕えて縄をなうと同じ意味）の嘆きがないとは言えない。やはり「光は五山から」なのか。また咸錫憲兄に過大な労力をお願いするより外になさそうだ。

今日バスケットボール二回戦に勝った。今夜、巣鴨に某旧友を訪ねたところ、学生時代の単純で熱烈だった信仰は消え失せ、学問に対する真摯な研究熱も沈滞して、ラテン、ギリシャなどの古典書籍と聖書注解書などを全て売り払おうとするのを見て、悲哀に涙ぐんで辞去する。彼は師友と社会と自分の地位に対して言葉の端々に不平をもらし、ただ残ったものは金の心配だけであった。一にもカネ、二にもカネ、三にもカネである。ああ、落第信者！

十月三十一日（木）　バスケットボールは三回戦で敗退した。全責任が監督者にあるようで苦しくて堪えられない。バスケットボールほど戦略の巧妙複雑な競技はないのに、私は戦略の人となり得ないので、現在でも拙劣な監督であるばかりか、将来にも発展向上すべき素質の無い自分であることを痛感する。私は健康に必要な運動を楽しむが、競技する選手を指導するには技能もなく興味も持てない。

十一月

十一月一日（金）　バスケットボール試合に敗れたが、団体の関係で先に京城へ帰すこともできず、銀座通りの教文館とキリスト教書籍会社と丸善書店を回りながら、聖書注釈書数冊を購入する。

東京で見るに足るものは三越、白木屋、松屋、伊勢丹などの百貨店でも、帝国劇場、歌舞伎座、宝塚、浅草などの劇場でも、もちろんダンス・ホールでもない。ただ右記数箇所の外国書籍店と神田の古本屋を一巡したならば、私の東京での用務の主要部分は終ったわけである。

東京は広いと言っても、我々に関係する世界は極めて狭い部分であることを知る。今夕、片山兄と一緒に東京帝大聖書研究会に出席。大学教授と在学生及び卒業した学士ら十余人の小集会であったが、真実にして熱烈な信仰のかたまりであった。「アモス書」の研究であった。矢内原忠雄教授の勧めによって私も簡単な感話を述べたが、軍国帝都の学問の府である東京帝国大学に、このように純粋熱烈な信仰の底流があるのを目にして、感激を抑え難かった。陸海軍が強くないとは言わない。しかし、日本の将来の強さはむしろ霊界にありはしないか。誰でもよい。神に栄光を帰す者がアブラハムの子孫なのである。

十一月二日（土） 東京高等師範学校の旧師を訪問した外には、養正同窓会の歓迎会に、金淵昌先生及びテニス、バスケットボールの選手たちと一緒に参加。卒業生の行動を見ると、おおよそあひるの卵をかえした雌鶏の悲嘆を禁じ得ない。しかし、その中でも元来家庭教育の正しい家門の子弟たちは、それほどひどくなかった。慰労宴であったが、胸の内は、ただ涙を飲んで閉会を待たざるを得なかった。夜、倉町老人に会ったのは望外の慰めであった。

十一月三日（日） 孫基禎（編註・一九三六年のベルリン・オリンピックに男子マラソンの日本代表として出場、金メダルに輝く）選手応援の方策を協議していたので集会時間に間にあわず、無教会の集会には出られず、初めて洗礼を受けた牛込区の矢来町ホーリネス教会に行ったが、突然、今日は野外礼拝日になっていて参加できなかった。

午後一時に出発する孫基禎を応援するために、養正の選手及び同窓生たちと共に自動車で六郷橋まで伴走して往復すると、これが二時間二十六分四十二秒で、人類有史以来の最高記録を樹立することになろうとは誰が予測できたろうか。走る途中「先生のお顔が見えるように自動車を先に走らせて下さい」というわが選手の要望に、車窓から走る選手に鞭をあてようとする教師の瞼（まぶた）には、熱い涙がしきりにあふれてならなかった。今夜十一時の汽車で東京発、生徒共々帰途についた。

十一月四日（月） 終日車中。夜、関釜連絡船。

十一月五日（火） 朝、釜山に上陸。広々した三等車室が有り難かった。夕方、七時半京城駅到着。選手一行を無事に父兄の手に戻し終えたのが、最大の功績であった。

十一月六日（水） 帰って見ると、誌友任愚宰氏に発送した第八十二号が、「受け取り人死亡返送」という付箋が付いて戻っていた。家族と親戚、隣人らの迫害にあいつつ信じてきたためなのか、いつ逝去したという訃報も届けられないまま、彼はこの世を去った。善人はこの世には長く留まることができないようだ。彼が本社に送った最期の便りは次の葉書一枚と、振替通信文だ。

　主にある先生、ありがとうございます。小生は一ケ月ほど前から病臥の身となりましたが、結局此処に入院することとなりました。病名は肝硬化腹膜炎だそうですが、日々よくなるようで、ただ感謝するばかりです。誌代をお送りできず申し訳ありません。九月号ができましたらこちらにお送りください。誌代は後ほどお送りいたしますので、特別例外として扱ってください。早々。

　八月二十五日

また、振替の方は、

　主の恵みの中に平安でいらっしゃいますか？小生は安東病院で不治といわれ退院し、今は漢方薬を服用しています。おそらく、四、五日はここに留まるでしょう。不治の病！　初めは気落ちすること千万でした。しかし、主の御業を信じて安心しています。身苦安心とはこのことなんだろうと思います。沢山お祈りください。『聖書朝鮮』誌はここにお送りください。ただし、九月号だけ。しかし、遅れる場合は、五丁里の方にお願いします。

　九月一日

聴くところによれば、彼は病床でも内村鑑三先生の著作を翻訳しながら、最期まで泰然とした信仰で人生の苦戦に耐え凱旋したとのこと。

十一月七日（木）　満州からの便りの一節に、

　……実のところ、家に帰ってみると、この夏の水害で一粒の穀物も得られないので、モロコシを買ってきてそのまま茹でて食べ、やっと延命しているものの、冬が近づくのに服はぼろぼろになり、食物を手に入れることも困難となって、はなはだやりきれない思いです。「まず神の国とその義を求めよ」（マタイ六・三三）という御言葉を十回、二十回繰り返してもその意味がわからず、『聖書朝鮮』誌に載せられた先生の当該節の講義を読んでようやく慰めを得ました。云々

想像もし難い苦境のようで、同情を禁じえない。

十一月八日（金） 小鹿島からの便りと詩を受け取り、神の力と恩寵に感激してやまず。

主筆先生、小生の差し上げた何ら価値の無い文章を、貴誌の巻頭に掲載されたのに対して、小生はとても感激して何と申し上げるべきか言葉を知りません。

ひたすら人間の罪悪を独りで負って行かれたキリストの愛を覚え、感謝の意を表するところであり、したがって、村井兄の追憶談が掲載されたのは私自身の光栄であると同時に、一歩更に進んで、小鹿島の癩病患者全員の喜びであり光栄だと考えます。何故そうであるかと言いますと、この島に幾多の業績を残して逝かれた村井兄を皆が敬慕し、誇りと思っているためです。

先生、運命と悲哀が他と異なった特殊地域に住んでいる私たちの中にも、普通学校はもちろんであり、あるいは中等学校を経て来た人もおり、または、正式の段階を経ないで熱心に独学をして多読多作する文学的素質をもった文学青年たちもいて、自己の悲哀と感じたそのままの恨みに満ちた涙ぐましい悲しい心情を訴えようとしても発表するところもなく、創作した血涙記を発表できる紙面もない私たちに、貴誌では

一文の価値も無い私たちの文章を無条件で連載してくれるという話を聞いて、私たちの友だちは感謝の言葉をくりかえし申しております。

先生、その中でも特筆すべきは朴大根氏、柳重吉氏両兄が言うには、私たちの機関誌に発表したところで、これ以上に親切にもてなしてくれようかと言っています。ここの重立った人たちの意見を聞いて見ると、貴誌発刊の費用の幾らかでも負担するために、何か組織を作って積極的に後援しようとの議論も湧きあがっているようです。

先生、今年中に四十余人の信仰の友をもつようになる私たちの教会は、教派を超越して神の聖恩とイエスの愛によって前進するだけでありますどの教派に属する教会でもないので、同じ立場に立つ先生、陰になり陽たになり助力下さい。小鹿島がどういう所かを紹介したい考えもありますが、誌面の関係でできません。

愛する宋斗用兄に捧げます。

小鹿島南生里から　金桂花

十一月九日（土）　東京の消息を聞くために柳錫東、宋斗用両兄が来宅した。三者相対して座り、長時間談論する。内村先生の伝えた福音が、無教会主義と言うよりは純粋な福音主義として健全に発育している事、特に青年男女間にギリシャ語、ヘブライ語の原文で聖書研究する熱誠が盛んなことは（神学生以外の平信徒たち）、甚だ羨ましいものだということ、ただ学識だけでなくその性格、人となりが内村、藤井（訳註・藤井武）型の「日本人の中の日本人」がいること、日本キリスト教会内にも、植村正久、高倉徳太郎諸氏の後継者たるべき人物がいるということ、日本メソジスト教会内に革新独立運動が旺盛であることなどを報告することができてうれしかった。ただ内村鑑三正伝を発行するという、「忠僕」藤沢音吉の不当な商業戦略を伝え聞くことは残念なことで、今一度憤激せざるを得なかった。

十一月十日（日） 突然、精神作興詔書奉読式を挙行するというので、登校して式に出る。今日の午前集会は臨時に休む。嶺南の便りからの一節に、

……先日、醴泉の安兄の手紙をみると、崔泰瑢氏が来て家庭で集会を開いたという理由で、教会で問責問題が生じたということです。こんな消息に接するたびに無益とは知りながら怒りを覚えずにはおられず、彼らのために涙を抑えがたいです。云々

家庭集会にまで干渉するとは、教役者の乱暴もまた目に余る。天国の門を塞いで立つ者とは、彼らのことではないのか？

十一月十一日（月） 朝鮮中央基督教青年会主催のバスケットボール連盟戦に養正高等普通学校も参加して、今夜から出場する。

十一月十二日（火） キムチ漬けの準備を始める。ただし、今年はソウル付近は大根も白菜も大凶作。

十一月十三日（水） 授業時間の外は、昼夜ともバスケットボール部監督。今夜は第二回戦で勝利。

十一月十四日（木） 夕方、崔泰瑢氏来訪。新しく教会を創設した動機と経過の大略を知らせに訪問したというので、まことに恐れ入る。その可否をあれこれ論ずべきであったが、黙して聴くのみだった。

十一月十五日（金） フィリピン独立。ケソン氏大統領就任。アブラハム・リンカーンの国、万歳！

十一月十六日（土） 必勝を期した養正高等普通学校バスケットボール部が今夜、対徽文高普戦で一点差で敗れる。大いに憤慨する。

十一月十七日（日） 午前は「イエス伝」を学ぶ。今日、午後は復活社の講堂で「無教会主義とは何か、誰が無教会主義者であるか」という題で、緒論第二講を述べた。数年前に『神学指南』誌上で論評した

ことが的中して、朝鮮最初の無教会主義者と注目されていた崔泰瑢氏が教会人になってしまい、「養正高等普通学校の金教臣氏と『聖書朝鮮』誌の執筆者幾人か」が無教会主義者として残ったので、「無教会主義とは私が言うことであり、無教会主義者とはすなわち私だ」と言っても構わないところだが、無教会主義というのは姜済建先生の伝道誌に記録したもので充分であり、無教会主義者とは姜済建翁であり、ステパノであり、ルターであり、使徒パウロであり、イエス自身がまた無教会主義者だと述べる。

十一月十八日（月） 昨日の夕方、市外に散歩に出かけたところ、偶然な機会に某ミッション・スクールの先生の新築祝いの晩餐会に参加せざるを得なくなった。新家庭で田園生活に適した野菜の晩餐を予想しながらついて行ったのだが、某料理屋の別荘に案内され、酒池肉林の盛大な食卓に列したのが意外の一であり、六人の座席に三人の妓生がサービスするばかりか、その遊び方が徹底していたのが意外の二である。

今日まで京城市内外の大小宴会に何回も出たが、酒は杯についで飲むことしか見なかったし、妓生は歌ったり踊ったりする程度を越えなかったが、今回のように、酒は瓶からラッパ飲みし、妓生を十二分に活用する宴席は生れて初めて見る光景であった。これに比べると、非ミッション・スクールの先生たちの宴会は少なくとも「上品だ」と言える。

宗教の強要はむしろ人を悪くすること甚だしい。ソドムから脱出したロトのようにやっと抜け出して帰りながら、宗教教育の危険に戦慄を覚えた。

十一月十九日（火） 去る二月十一日、大田刑務所から仮出獄していた島山（訳註・雅号）安昌浩翁が、昨十八日で満期になったと報道。

十一月二十日（水） 養正出身の某テニス選手が最近喀血し始めたので、『病床に在る友へ』を二冊送ってほしいという便りに驚く。卒業してわずか数年で、鋼鉄のようなその健康体が、もう喀血する身となるとは誰が想像しただろうか。卒業後にも彼は聖書を学ぶ機会がなくはなかったが、健康を信じる彼は、この方面には一顧の価値も認めなかった。今や彼は病苦の進行よりも精神の失望のどん底に自ら陥ろうとして、『病床に在る友へ』を求めて来た。彼を救う道はどこにあるだろうか。嘆かわしい限りだ。

十一月二十二日（金） 午前十一時に延禧専門学校の礼拝時間に説教をするために往復した。養正出身で延専に進学する者が少なくないのと、延専主催の全朝鮮中等学校陸上競技大会に連続して十年間養正が優勝しているのと、同全朝鮮中等学校バスケットボール選手権大会に二年連続して優勝したことなどから見ても、延専と養正の関係は浅いものではないが、特に延専の松林と清流は私個人の信仰生活になくてはならない祈りの場所であったし、延専の教壇に立って私が主イエスを証ししようとすれば、生い茂った松林と清い風が互いに応え合うようで、雪の降る早暁、驚いて逃げ出した雉と兎と、喬木（きょうぼく）を診察する如くつついていた啄木鳥と、草原をはっていた蟻と松虫の種類まで、私の隣人として車座になって声援するかのようであった。こうした霊的故郷で、ピリピ書第三章一―十四節によって、パウロと共に復活の信仰を告白することができ、甚だ愉快であった。

ただこの日の説教のために授業時間まで免除してくれたうえ、欣然と賛同の意を表してくれた養正高等普通学校当局の好意的な理解と寛容は、骨身にしみて感謝であった。

十一月二十三日（土） 休日だったが、登校して一日中バスケットボール部の監督。

十一月二十四日（日） 午前十時に「イエス伝」の学び。マルコ福音書第三章一―六節。午後二時に復活社の講堂で「生物学と私のキリスト教」との題で講話。

十一月二十五日（月） 湖南からの便りにこんなものがあった。

先生、主にあって平安のうちにお過ごしのことと存じます。今日はまた少し所感を書いてお送りするつもりでペンをとりました。先生が天的な愛でお送りくださった『アン・ジャドソン伝』は、今日になってようやく読み終えました。私はこの間、この本を誠心誠意読破して、先生がお送りくださったお気持に万分の一でも応えようと思ってまいりましたが、常に家の仕事に追われ、時間に余裕がありませんでした。また、帰宅しても安息がありません。これは年老いた親が早朝から夜遅くまで働くのに、自分だけ安息するわけにはいかないのが第一の理由であり、第二は、私が怠慢な者であるため、とても安息日の恩恵に浴するわけにはいかなかったからです。また、退職当時から数年間職業の問題で苦しみ悩み、微力ながら少しでも主の聖意に忠実に服従しようと肉体に比べて過度に心を労したため、神経が極度に衰弱し、その結果、毎夜十時ごろになるといつも就寝して、夜遅くまで読書をすることができませんでした。こんな理由から先生が恵送くださったのにこれまで暇を見つけることができず、今日に至ってようやく読み終わりました。この本を読み始めてから終わりまで、涙を流して読みました。その中でも今日は特に泣きました。キリストのために異境で、人知れぬ悲哀の盃を飲む夫婦の生涯に心が裂けそうになり、時には神の無慈悲、無能を恨むことまでしました。今日は彼らの寂しく辛い生活が私の心を刺し、人知れぬ涙で服を濡らしました。

この本を読んでみて、主が小生を特に愛されて、こんな良い本をくださったことに深く感謝し、しばらくの間涙を流して祈りました。私はこのような本を読むたびに、誰よりもいっそう祝福された者であることを感じ、感謝と讃美を捧げます。私はこの日受けた恩恵と感想をとても言葉でいい表わすことができず、ただ先生の想像に一任します。私はもともと友のいない者です。彼らも私を捨て、私もまた彼らを捨てました。この無友の小生を最期まで〝友人〟としてご指導くださるようお願いします。云々

私たちは事業の成功を願うよりも、こうした書簡の交換を願い、思想の交流を喜ぶ者である。『聖書朝鮮』社がこの世になんら業績を残せずになくなったとしても、『聖書朝鮮』社が存続する日まで、寂しい霊魂に対してこのような喜びを供給する雑誌であったなら、これ以上の本懐はない。それ自体が任務を果たすのである。

十一月二十六日（火） 今夜のバスケットボール戦に敗北し、黴文、中東、養正の三校が再び首位争奪戦に臨むこととなる。

十一月二十七日（水） 病気で休学中であった担任の生徒郭璟炘の訃報に接して驚く。彼は寡婦の独り息子。彼の死についての感慨を、彼の級友らに述べる。

十一月二十八日（木） 宋斗用兄から、来る十二月三日の、梧柳学園第四周年記念日に学芸会を開催するとの葉書。

十一月二十九日（金） バスケットボール延長戦の結果、黴文は中東を、養正は黴文を、中東は養正に勝ったので、再び首位同率。咸兄の葉書に、

お元気ですか？　校正を一日延滞させてすみません。伝道紙はどうなっていますか？　忙しい中すみません。費用はいくらかかりますか？　集会プログラムはどうなりましたか？　新聞で基督教学校の神社参拝問題が重大化して緊張さ

せられます。我々は、殉教の時代を迎えているのだと思います。お元気で。

十一月二十五日

十一月三十日（土） 崔泰瑢氏来て談話。復活社の講堂を売買交渉中であるが、自分が買収した後でも現在と同じように聖書研究会で使用せよとの好意的な提議と、無教会的な立場に立って、個人の確信を告白する態度を持続することも必要である、との勧めと励ましの言葉に感謝した。

十二月

十二月一日（日） 今日から午前と午後二回の集会を合わせて、午後一回とする。午後二時から学生班、二時半から一般と合わせてイエス伝の学び。「イエス一生の転換期」と題してマルコ福音書第三章七―十二節を講ずる。帰途に、担任の生徒数名とともに、市内の昌成洞に郭璟炘の母親を弔問したが、慰める言葉がなかった。平壌で神社参拝問題が拡大して、十万の学生が在籍するミッションが経営する学校が、全部、廃校にさせられる運命だと報道される。

十二月二日（月） 四十三年間半島に奉仕したエビスン老博士が、今日午後三時に京城を離れ、帰国の途についた。親しい親しくないにかかわらず、遠路帰国する老夫妻の平安を祈り求めない朝鮮人がいるだろうか。

現在朝鮮の二千三百万人口に文盲（ママ）は千六百万人。それと全朝鮮囚人一万二千三百七十九人中七千人は一字も読めない文盲であると。

十二月三日（火） 夕方初雪数片。田舎から上京した学生一人を諭（さと）して帰郷させる。

十二月四日（水） 平壌某専門学校に対して「神社参拝せずとも校内で式はせよ」との学務局の電報があって、「旗行列と敬意を表することになった」と報道された。昨日、故吉善宙牧師の葬儀に会葬者二千余人であったとの報。過去五十年間、朝鮮キリスト教界の人物は大小上下の差はあっても、総括的に言えば、大多数である保守派は吉牧師タイプの聖霊派であり、一方進歩派は少数で消化不良の批判学者が何人かいるだけであった。今後は学問と信仰を完全に具有した堅実な学者の出現の時代か。

十二月五日（木） 嶺南からの葉書に、

不信の小生は、漠然とした孤独、悲哀、煩悩で日々焦燥に駆られておりましたところ、意外にもお葉書を頂き拝読したところ、なんと形容しましょうか？ 直ちに部屋に入って感謝の祈りを捧げました。主が常に私をこのように護り慰めてくださるにもかかわらず、常に不信で彷徨（さまよ）っています。感謝の涙、悔い改めの涙が交錯しました。今日はA兄とR兄の封書もあって、いっそう慰められるところが大きかったです。本当に、聖徒の心はすっかり落ち着きました。本当に、聖徒の交わりは、こんなにも慰めとなり恩恵となることと大です。どうぞ、主にあって終わりまでご指導ください。これからは凡てのことを主に委ね、待ち望む所存です。お祈りください。先生のご多幸と、『聖書朝鮮』の繁栄のために主に祈ります。云々

私たちはこんな便りを食べて暮らす者だ。

十二月六日（金） 新聞の報道によると、平壌のキリスト教学校では、去る四日に「校内で式典を挙行して天皇に敬意を表し、神社参拝には参加せず、提灯と旗行列には従来通り参加」したと言い、長老教慶南老会では「信仰を尊重する見地から、神社参拝はできない」との決議をしたと。

やはり新聞報道によると、一年間に満州に行く朝鮮人は六万余人。その中から帰還する者五千余人。現在の在満同胞は八十三万人であると。

十二月七日（土） 「参拝可否を決定する長老教平壌

老会禁止」と報道される。警察で宗教的集会を禁止したのは初めての事と。云々

東京の片山徹兄から、新約聖書研究の参考書を記した便箋八枚の長い便りをもらって感激してやまず。こうした有益な友人を許し与えられる主イエスを仰ぎ見るのみである。

十二月八日（日） どうなることやらやきもきした復活社講堂の売買問題も一段落して、少なくとも冬期聖書集会までは確実に借用できることとなったので、今日出席した会員数人の助力を得て大掃除を行う。気が早いとはいうが、先ずは清潔にしてからの話。午後二時から学生班、同三十分からは一般集会で「伝道か、教育か」という題で、マルコ福音書第三章十三―十九節を講ずる。出版督促は以下のとおり。

拝啓、貴社ますますご清栄のこととお喜びいたします。今般失礼ながら左記事項に関しご回答くだいますよう、切望いたします。貴社が発行する『聖書朝鮮』誌上に連載中の咸錫憲先生ご執筆の「聖書的立場から見た朝鮮史」を、当地のM氏から借りて読みました。ところで、この論文は単行本で出版されないのでしょうか？なにとぞ、お教えください。これが単行本で出版されたなら、必ず一冊買わせていただきます。厚かましいお願いですが、必ずお知らせくださるようお願いいたします。用件のみにて失礼いたします。

まず、出版費用が問題だ。そして、咸先生が執筆したとおりに全文を印刷することができる世の中なら、なんとしてでも出版するであろうものを。

十二月九日（月） ロンドンで海軍軍縮会議が再開されると報じられるが、各国は誠意をもって集まるよりも、知恵に富んだ人物たちを集めたというから会議の結果は知るべし。人の知恵で平和を招来することは絶無であるから。

十二月十一日（水） （五行略）咸南の蓋馬高地から、意外な縁で誌友となった未見の兄弟からの葉書、

主の恩恵の中、先生は平安にお過ごしのことでしょうか？　教生はキリストの十字架の血を通して先生を知り、誌友となってからはわずか三、四ヶ月に過ぎませんが、久しく信仰上ひそかに欽慕（きんぼ）いたしておりました。キリストの岩から霊の泉をいただき、その前で成長していく信仰の歩みになくてはならない聖徒の交わりはまことに祝福です。すでに『聖書朝鮮』で多くの霊感と霊力を得ましたが、今後も『聖書朝鮮』誌と関係を続けたいと思っています。云々

十二月十二日（木） なかなか寒さ退かず。早起きできた日は勝利した者の快さを感謝するのだが、昨夜は宿直室の寒気に悩まされて熟睡ができず、朝七時にラジオを聴いてようやく起床し、怠惰な自分に悲観痛憤する頃、別紙の葉書が届き、自我への嘆きを忘れて、彼と共に主を讃美する喜びの人に突然変わる。（葉書省略）

十二月十三日（金） 数日前に市内のセブランス医学専門学校の学生キリスト教青年会員某君が訪ねて来て懇請されたので、来たる十六日の朝、同校礼拝堂で説教することを何の条件も無く承諾したところ、今日電話で「先生のお話しは学生の修養に助けになるものだけにして下さい」との制限をつけて来た。これもアメリカ式のキリスト教会で成長する青年たちの常套（じょうとう）手段であるかも知れないが、我々は先生のもてなしを受けようとするよりも、東洋古来の礼儀が蹂躙されることとキリスト教の真理が安価に取り扱われることに憤り、承諾を取消すことを決意した。

考えてみれば今日現在の我々は、衣食足りてなすべきことの多い者である。どうしてこんな無礼な条件に応える必要があろうか。

十二月十四日（土） セブランス医学専門学校の学

生基督教青年会に説教受諾の取り消しを通知したところ、正直に非礼を釈明したことと併わせて、明後日に迫った早朝礼拝説教を今断るのは人を困らせることになるので、やむを得ず今回だけは説教を受諾せざるを得ない。小鹿島からのクリスマスの贈り物とともに佳信が数通。その中の慶南からの便りは以下のとおり。

　神の恩寵の中、平安であられることでしょう。小為替にて〇円〇銭を兄の発刊する伝道誌代に二十銭と残り〇円を僅少ながら小鹿島の兄姉へのクリスマスプレゼントとしてお渡しくだされば感謝です。云々

十二月十五日（日）　今日午後二時には学生班、同二時半から「イエスは狂人か、世の中が狂ったのか（職業根性的な宗教家の悪臭）」という題で、マルコ福音書第三章二十―三十節を講じた。五山の姜済建翁の「人皆謂狂自謂非狂」（訳註・人は皆狂うと謂うも、自らは狂うにあらずと謂う）という詩句をたびたび連想した。しかし、人生で狂者だとの評を受けたことがなければ、あえて取り上げる価値の無い者である。

　聴衆の中に某ミッション・スクールの教務主任先生が参加し、養正高等普通学校の生徒たちは試験週間であるのにこんなに出席するのかと、大層深く感心してほめて帰って行った。昨十四日（土）から来たる二十日（金）まで二学期の学期試験中であるが、彼らはいつも通り英文聖句を暗誦して提出し、新しいことを学ぼうとする意気は真に見るに値いする。教師たる者、頭が自然に下がらざるを得ない。

十二月十六日（月）　午前八時四十分にセブランス医学専門学校の礼拝で説教する。ヨハネ福音書第四章一―三十四節に基づいて「患者を尊敬し、同情することが診察の秘訣である」と述べる。某誌友より、「任愚宰兄は、去る十月二十三日より主が再臨されるまで眠っておられます（訳註・召天したこと）。」と

の通知が届く。

十二月十七日（火）　午前降雪。昨夜ある宴席で意外な人から、「職業根性的宗教家の悪臭云々」という題で講演するのは、世人の反感を買うところだと好意的な忠告を受ける。ただし、忠告してくれた人は基督教には全くの門外漢なので、イエスと当時の宗教家たちとの関係を説明したということを知らず、この演題で現職牧師と長老輩を酷く攻撃し、自分の立場をいつも弁護しているのだと推測したようだ。

十二月十八日（水）　小鹿島へクリスマスプレゼント第二次発送。科学知識普及会という所から若い女性外交員が訪れ、寄付金を乞うのをキッパリ断って送り帰した。これも円満な君子の処世法でないことは知っているのだが、内にあふれる「無用な興奮」が爆発せざるを得なかった。キリスト教も朝鮮に入って来ると衣食の手段となり、科学も半島に来ると物乞いの手段となる。我々も自然科学の徒であり、科学のために怒らざるを得ないことを、非科学の徒輩は許すだろうか。この科学的寄生虫を退治してわずか一時間後に、ある青年が一枚の便りを持参したので、学期試験監督で忙しい中であったが、手で封を切って開封すると、これもまた詐欺的寄生虫である。自称「教弟」と書いてあった。宗教的な理解をもって人を誘引しようとして、内容は養生高等普通学校の孫基禎選手は朝鮮民族の存在を外国人に認識させた者だ！　と感嘆符を三箇所も使って、大いに愛国心を動かそうという心づもりであるらしいが、六、七枚になる長い便りの要点は以下の如し。「孫選手をベルリンへ送り優勝させたのは、力を与える秘方をもって作られた補薬（訳註・強壮剤）を飲んだからで、この処方は神様の恩恵によって某牧師から受けたものであったが、試用した後は毎朝起床の時身長が伸びており、これは身体が大変発育する証拠であり、走れば走るほど一時間であれ二時間であれ、息切れがしないだけでなくどんどん力が出てくる。一袋を調合するのに材料代金として約三十円を要するので、先に送れということで、処方の内容は書いてなかった。この全文を雑誌に記載すれば、実験心理学上から見た詐欺文学の題材となるだろうが、あまりにも馬鹿々々しいので読者の眼に見せられない。今日一日でこのような寄生虫の輩に二度も侵犯され、私がどんなにか馬鹿者に見えたのか、と考えてみると、自ら悲観せざるを得ない。

十二月二十日（金） 二学期試験終了。採点と校正に眼が廻るほど忙しい状況。今夜も某所の宴会は断り仕事をする。

十二月二十一日（土） 答案の採点に疲れると『聖書朝鮮』誌を校正し、校正に疲れると再び採点する。その他に明日の日曜集会の準備をする。

夕方、校長先生が年末慰労の忘年会を明月館で設けられるので出席する。食卓の準備をしている間に、『聖書朝鮮』誌の校正をしないわけにはゆかず、校正をしていると、ある人が言うに「妓生の傍で文字が見えるかね？」と。また妓生が言うに「それが何なのでそれほどご熱心ですの」と。しばらくして宴会が始まり、餅、そうめん、カルビ、果物など、およそ実質的に栄養になりそうなものをすべて食べ、私の座っていた近くには空の食器だけが残るようになった時、先に退席した。それである人が私のことを「水商売人」だという。ほどよく沢山食べる人だとの意味であるというから、まことに理にかなったあだ名だと、これを甘んじて受ける。

十二月二十二日（日） 午前の学びは半端だったが、金成實、鄭再雲の両氏が来訪。崔泰瑢、白南鏞両氏の牧師就任式に参列するよう誘われて同行。市内の昭格洞九十七番地まで行くことは行ったが、元の住人の引越騒動のため会場整頓ができず、就任式に参席できないまま復活社に駆けつける。午後二時に学生英語班、同三十分から「基督教徒の親戚観念」という題でマルコ福音書第三章三十一節以下を講じ、「イエス伝」の今年の学びを終える。

十二月二十三日（月） 昨夜は某君から「先生、この血まみれの記録を読んで下さい。骨の髄からわき出たこの記録を読んで下さい。私は声を張り上げて泣きました。主に呼ばわりました」と添書きして送られた手紙というよりは、それは結核で三年間寝ている人の闘病記、または凱旋記で、読んで私も泣いたのだが、泣くよりも快哉！ 万歳！ ハレルヤ！を連呼せざるを得なかった。

こういう友誼が朝鮮にまだ残っているのだということが感激の一であり、こうした信仰が、私が朝鮮に期待する信仰であるという発見が感激の二であり、信仰は病気に勝ち死を征服するというのは、このような境地であるというのが感激の三である。

十二月二十四日（火） 午前一時半に眼が覚めた。老いれば眠られぬのが悩みというが、若いうちにはしっかり寝てもよかろうと、そのまま横になっていたが、十分、二十分過ぎても寝入ることができず、再び考えて「神経衰弱の病人のように、わざわざ眠れるようにとじりじり待つ必要があろうか？」と起床。眠気がこないなら寝るな。二時からローマ書を通読し、注釈書を読み始める。四時になる頃に一番鶏が鳴き、五時近くに二番鶏が鳴くと、急に瞼（まぶた）が重くなり眠くなる。しかし、来いというときに来なかった眠気なので許すことができず、井戸端へ行って冷水で顔を洗い、眠気を追い払って気を引き締める。時に、オリオン座はすでに西南に傾き、北斗七星も移動して、金星は南山の上に上がった。登校して第二学期学業成績発表。『聖書朝鮮』新年号は出版許可済み。ある友人の住宅問題で相談を受ける。花月食堂での宴に出席。宴席で校正した原稿を印刷所に持ち込んで、夜十時頃まで校正を行う。

十二月二十五日（水）　早暁三時半ごろ、洞内長老教会の聖誕早朝聖歌隊が来訪する。窓辺で唱う「真夜中に羊を飼う者、その羊を守る時、眠られていた天使降り、大きな栄光輝きぬ」という声に驚いて目をさました。我々は聖誕劇には興味をもたないが、クリスマスの早朝の聖歌隊だけは毎年有り難く思う。

午前中は印刷所に行き校正を完了する。夕方宋斗用兄が来て語る。

十二月二十六日（木）　朝の配達で小鹿島からの便り二通に接する。一つは生誕祝賀状、二つ目は以下のごとし。

……本人が自発的に『聖書朝鮮』を求めるようになる時を神に願い、そうなる時まで誌代は私が負担いたします。ここに書いた住所の住人は私の次兄です。本来、熱情的な性質の持ち主のため、人生の真の道を求めて悩んでいることを承知していますが、この頃は極度の思い煩いのために、神経衰弱にかかってしまいました。元来、岩も穿つ熱誠と自分なりの思想と意志で生きようというその精神は早くから私も敬慕するところでしたので、次兄が主の手に捕らえられるならば、全家族を救うために次兄が最善を尽くすだろうと信じます。したがって、一時帰省して伝道したい気持ちは切実ですが、病気が病気であるために果たせず、思い余って恥じも省みず、こうしてお願いする次第ですので、よろしくお導きくださいますよう、伏してお願い致します。先生の貴重な時間をこんなことで邪魔しては申し訳ないので、これで筆をおきます。小生の誌代は恥ずかしながら年を越します。

十二月十二日　中央里　〇〇〇敬白

読んで感涙抑えがたかった。少し前に、友人某氏が来談して曰く、「『聖書朝鮮』は癩病患者の雑誌だ」と。まさに正鵠を射た言葉。栄誉の極みだ！

十二月二十七日（金） 冬期聖書集会用の教材を謄写した。約束した日が過ぎても今日までに印刷所で製本ができなかったというので、独りで憤懣やるかたなし。どんな事業も経営することを望まないが、『聖書朝鮮』専用の印刷所だけは一つ企てようかという思いが時々起こる。特に今度のように校了してから三、四日経っても本ができない時、小雑誌だからとそっちのけにされる時は特にそう思う。

十二月二十八日（土） 『聖書朝鮮』誌八十四号がやっと今日の午後でき、即時発送する。年末までですべきことが一段落。

某新聞社から「キリスト教徒の絶叫」という題で原稿を要請されたが、差し迫った冬期聖書集会の準備のために執筆不能。

十二月二十九日（日） 午前八時に咸錫憲、李賛甲両兄来京する。午後二時半に復活社の講堂で「素人の聖書研究とその方法」という題で講話。

十二月三十日（月） 今日から冬期聖書集会始まる。小鹿島のクリスマス消息。

この早朝に礼拝堂から聞こえてくる鐘の音と聖歌隊の歌声が島内に響きわたります。時に千九百三十五年前、ベツレヘムの飼葉桶に照らされた明るい光が私の霊眼にも見え、虫けらのように汚れた私の心の飼葉おけに救主が誕生された事を受け入れると同時に、たちまち更生園全体が天国と化したようでした。これが小生のクリスマスを迎えた思いであり、明らかに鐘の音は、私に新しい信仰と喜びをもたらしてくれました。

十二月三十一日（火） 世の中は歳末で騒がしいが、我々はパウロ書簡とキリスト教史の勉強で、静かに過ごす。満州からの便り以下の如し、（全文略）。どんな所でもそうだが、特に、満州に必要なものは良い教師と善い伝道者と仁愛あふれる医者である。我々の教師の健在であることを祈願してやまず。

一九三六年

一月

一月一日（水）　晴　午前は登校して拝賀式に参列する。午後は「パウロ書簡」を講じ、「教会史」を学ぶ。送らなかったにもかかわらず年賀状が舞い込み、真理を探求する心が多少乱れた。

一月二日（木）　晴　今日、第一コリント書第十五章によって復活問題を勉強している時、聴講者の一人が狂態を演じて退席した。但し、彼は『聖書朝鮮』誌の読者でもなく、今回の講習会に正規の手続きをして参加した者でもなかった。

参加したのもおかしかったが、退席したのも異常であった。彼は豪語して言った。「時がすぎれば分かるだろうが……人は新たに生れなくては復活の真理が分らないものだ！」と。復活の真理ほど高貴なことは無いが、また復活論ほど危険なこともこの上ない。ちょっとでも下手をすれば発狂するものだ。いずれにしても、これからは規定を一層厳しくして、福音を分け合うのにも一層慎重にしなくてはならないことを経験した。

一月三日（金） 晴　午前・午後、集会の準備勉強を終えて、夕食後、来たる日曜日の公開集会の広告文を書く。

一月四日（土） 晴　午前中はそれぞれ分担して明日の集会の広告文十余枚を市内の要所に貼り、午後には「キリスト教史」を終講。「朝鮮歴史」と「世界歴史」に続いて「キリスト教史」の前半を学び、来年は「プロテスタント史」を学ぶつもりである。

一月五日（日） 晴　午前十時半から復活社の講堂で講話。ある人が言う「三位一体」とは「三題一論」（註・「三つの主題で一つを論じる」と言うこと）という意味であると。

一月六日（月） 小寒　晴　金亨道氏と面会しようとしたが、会えなかった。咸兄、今夕退京。

一月七日（火） 雪　登校　当直。今年の冬初めての大雪であったが、一寸も積もらず。東京在住の教友の印刷された年賀状に、「新年に際して貴家の安泰と、世界平和、特に日本人の国民的良心の覚醒を祈る」とあった。

一月八日（水） 晴　三学期が始まる。担任の組に長時間訓話した。この「要らない小言」のために、誉められるよりは憎まれる方が多いのを知りながらも避けられなかった。

一月九日（木） 晴　朝寝坊して、早暁の皆既月食が観察できず、一大損失。

一月十一日（土） 晴　昨夜、ある篤信な兄弟が訪ねて来て、十二時過ぎまで無意味な長話しを聞かされたまま座っていた。彼が貧しい病人であるために冷たく当たれなかったが、十時以後まで続く長談義を厳しく断れなかったことを後悔した。どこの国でも夜九時すぎには訪問しないのが常識である。

一月十二日（日） 晴　復活社講堂で、午後二時から、今年度一回目の聖書研究会。「イエス伝研究」の続きであり、「比喩」の勉強を始めた。帰路に、西洋人教会のモリス・ホールに立ち寄った。湖南（訳註・全羅道地方のこと）のある牧師の便りを受け取った。

（前略）この地の教会にいたっては、言語道断です。小生が此処に来てから一年が過ぎましたが、この口で叫んでも虚空を打つに過ぎません。こんなことはこの地だけのことで、全朝鮮の教会がどうかこうでないようにと、日夜祈ります。正直であることの十字架を負うことは、本当にむずかしいです。ただ神様に感謝するのは、一、二人の貴重な青年と会ったことです。しかし、この青年達も長い間、教会の信仰に侵されて、その頭の中に偶像が深く巣を張っているので、これを祓い除けることがとても難しいようです。（中略）われらの『聖書朝鮮』誌は、本当に孤独な歩みを続けていると思います。しかし、犠牲の道が、犠牲の連続なる朝鮮歴史の舞台の上で、犠牲の一粒の麦になるとすれば、それでよいでしょう。その後は、ただ、神様にお任せすればよいと思います。先生、私は又もやここを去ります。（中略）故郷を離れてから七年目に戻るわけです。ただ、私の自覚は、マタイ福音書第十六章二十四、五節であり、今年歌う讃美歌は二百二十五番です。私は、主イエス様の忠実なる働き手としての熱心が足りなかったことを反省しつつ、たとえ一滴の血でも流すべき時に流そうと思っています。『聖書朝鮮』一月号の「新年の展望」を、文字どおり小生のものにしようと思っています。（中略）『聖書朝鮮』誌一月号を受け取り、更なる先生の特別な愛に感謝します。先生、信徒達の神にある誠実極まる交わりの燔祭壇が、『聖書朝鮮』誌を通じて朝鮮に築かれるであろうと信じます。

八日　　　　　　　　○○○生拝

一月十三日（月）　ついに風邪にかかる。今日の午後、某氏との間にあった誤解を一掃する。和解が成り立った時の嬉しさよ！　イエス様を平和の主と呼ぶ意味を心に銘記する。

一月十四日（火）　晴　暁の天を仰いだ。金星と木星が接近している。小鹿島からの便りに、

（前略）先生、時々刻々とこの世から遠ざかっていく小生ですが、『聖書朝鮮』誌を読み始めてから、一人、また二人と友達まで遠ざかっていきます。いや、小生が友達を離れざるを得ません。その原因は、『聖書朝鮮』という恋人が出来たからでありましょう。『聖書朝鮮』誌のみが、本当に愛を持って小生に接してくれる唯一の良き友人であることを発見したからです。此の度も白い衣を着替えて訪問して下さった愛する友人（訳註・『聖書朝鮮』誌のこと）が、小生には今年初めての喜びでありました。新しい年に、初めて味わった愛でございました。この世が棄てた私を、こんなにも愛してくださる『聖書朝鮮』は、私の足りない点を補ってくれる親切な友人でもありますし、胸を開いてねんごろに訴えることが出来る、唯一の友人です。先生、抑えることが出来ない、この感謝を誰に捧げましょうか。不肖な私に、こんなに良い友人が与えられたことは無上の喜びでございます。唯々キリスト様の恵みであると信じて、栄光を帰します。（下略）

正月初八日　　　　　　小鹿島　尹一心

一月十五日（水）　晴　小鹿島より原稿が沢山到着。但し、既に編集が終わったので、二月号には印刷不能。その中の手紙の一節に、

（前略）世間知らずの小生、どうもすみませんでした。過ぎた一年間、無料で沢山の本を読みました。一九三六年にはどうしても誌代を送金しようと決心しましたが、これもうまく行かなくて、一つの空想に終わってしまうようです。でも、どうすることも出来ない事情をわれらの主イエス様にお任せし、断腸の祈りを以って慰めを受けています。ああ、愛する先生、小生は言葉だけで、実行が伴わない人間になりました。人間以上の愛で、イエス様と共に、小生をお許しください。三銭切手二十枚をお送り致しますので、微々たる物ですが愛を以って御受け取りくださり、『聖書朝鮮』の送料にお使い下さいますように。又、キリストの霊の呼吸を同じくする姉妹二人の切手数枚ずつも同封いたします。崔〇〇姉二枚、李〇〇妹が四枚です。まことに微々たるものですが、信仰を持って、又、愛する先生を敬慕する心から、又、『聖書朝鮮』を真心をこめて愛する心から、恥を忍んでお送り致します。昔、イエス様のお話にある寡婦のレプタ二枚でございます。この姉妹達は『聖書朝鮮』誌をこんなに愛しながらも、漢字が読めなくて、惜しいことです。（中略）愛する先生、この手紙を書き終わろうとしたら、親愛なる二人の姉妹が、さらに切手十五枚を持って来て、愛する先生に送ってくださいと懇願します。この姉妹は、先生を本当に愛慕する方達です。愛する先生、どうぞ主イエス様と共に、愛を持って慰めて下さい。『聖書朝鮮』一冊を、この二人は熱心に愛読しています。そして、この地の兄妹達が、先生の写真を一回だけでも見たいという、切なる願いを抱いています。愛する先生、慰めて下さい。（下略）。

手紙一通の中に、三銭切手四十枚を別々に貼って送られてきた。寡婦のレプタ二枚であろうか。実にかたじけないことである。

一月十六日（木） 晴　早朝、東の空に金星と木星がとても近づいた。

一月十七日（金） 晴　昨夜、零下二十度一分。今年の最低記録である。

冬季休暇中に同窓のある友人が滞京中の数日間に三、四回訪ねて来たのに、留守していてとうとう会えずに帰ったが、最近も遠来の誌友某氏が、滞京中に数回訪ねて来たのにも会えなかった。そんなことは絶対あり得ないが、あたかも面会を避けた格好になった。これは、家と学校と印刷所と語学会などにいる時間の長短が定まっていないためで、これが歯車のように回る時は、機会がよければ面会できる。

一人分の職業をもっている外に雑誌一つをやっている者の立場を推察して、余り怒らないでくれるように知人、友人に詫びるほか仕方がない。

一月十八日（土） 晴　昨夜は零下十九度七分。恐縮な話だが、机に向って執筆するにも凍傷した手足で大変苦痛である。最近は寒さに耐えることが私のなすべきことである。

一月十九日（日） 晴　午後二時には学生班の英文聖書解釈。同三十分から「イエスの譬話の研究」第二回目。崇実中学校校長尹山温氏（訳註・米国人ジョージ・マッキューンの朝鮮名）の罷免の報道。

一月二十日（月） 晴　出席せねばならない宴会があったが、向う側から自発的に免除してくれて有り難かった。「可謂知己之親乎」（訳註・自分を知ってくれる親しさと言うべきか）、実際のところ、私たちは宴会の楽しみを理解しない者である。ただ避けられない時だけ出席して恥も外聞もなく、がつがつ食って腹一杯になれば足る者である。

一月二十一日（火） 晴　大寒日。ノドが痛くて授業を充分にすることが出来なかった。毎年同じ頃に痛むから不可避。暇を見て校正。

一月二十二日（水） 晴　暖かいとは言えないものの三寒が過ぎ四温に入った日、漢江の銀盤上で養正高等普通学校の氷上大会が開かれる。受け持ちの生徒たちに、氷が凍る寒い国に成長してスケートができる恩恵に感謝せよということと、「この身死して何かはあらん。蓬萊山（訳註・金剛山の夏の別名）の最も高き峰に枝の垂れる大きな松となり、白雪が天地に満ちる時、独り青々として孤高の節操を誇らん」と吟じた死六臣（訳註・李王朝の世祖の時、端宗の復位を図ったため処刑された六人のこと）の墓があちらにあると説教した。

一月二十三日（木） 晴　嶺南からの便りに、

先生にお手紙を送った翌日の朝、『聖書朝鮮』旧号の第七十号に載っている「不変の変動」という文章を偶然に読み終わり、苦しかった魂に大きな慰めを受けました。「二匹の兎を追うものは一匹も捕らえることが出来ない」、「人間は万能でないのを悟る時、一段の進歩がある」、「土器を造った人の意思が問題である」、「焦りと性急な考えを棄てて、担わされたくびきを呟かなれ」等々のくだりが皆、アーメンでありました。心が慰められて、どんなに嬉しいか分かりませんでした。一句一句が皆、今の私の魂の状態にピッタリ合う、慈しみに満ちた勧めでありました。唯々アーメンでした。神様が解放して下さる時まで、このまま服従しますとお祈り致しました。あまり小生のことに対して、関心を持ってくださらなくてもいいです。大勢の羊の群たちに向かって、重大な使命を担って進んでおられる先生に、不信の小生の為にご苦労をおかけするのが本当に恐縮であります。最近、小鹿島の文兄の手紙によっても、大きな慰めを受けました。先日、お願い致しました伝道誌は到着しました。本当に感謝を持って拝受しました。私自身がこれを読んで伝道されました。これを聖意にかなうように配ろうと思っています。（下略）

一九三六、一、十九夜　　〇〇〇拝上

一月二十四日（金）　曇夜雪　陰暦の元日で、学校でも二時間だけ授業。余った時間を利用して、少し読書する。午後は警務局図書課に行って、本誌二月号の許可済の原稿を返してもらう。帰路、病床に焦燥にかられながら横たわっている某君を尋ねる。

一月二十五日（土）　晴　朝雪を掃く。昨日、今日と二日続けて正月遊びの招待を謝絶して、書斎に閉じこもる。

一月二十六日（日）　晴　午後二時から復活社の講堂で、「農業と天国の道理」との題でイエスの譬話の講義をする。帰途、学生数人と一緒に西洋人の教会に出席する。

一月二十七日（月）　曇夜雪　授業以外の時間は校正。最近は尹山温校長と馬牧師（訳註・馬三悦、S・M・モフェット宣教師の朝鮮名）のために自然と祈るようになる。

一月二十八日（火）　晴　来月号を既に五、六回も校正したが、今でもまだ誤字が発見される。効果のない時間の浪費事みたいで処置無しだが、止むを得ずしなければならないことだからどうしようもないのである。某神学生の短い便りに、「『山上の垂訓研究』は神学校で歓迎、大歓迎であります。先生喜んで下さい……」と書いているが、そんなこともあるのだろうか。

一月二十九日（水）　晴　授業の後、印刷所に行って校了。ただし、今度は三月号の校正まで全て終わったことになる。某神学生の便り。

（前略）これまで、『聖書朝鮮』誌を本当にうれしく拝受しました。尚、復活社の講堂での集会に関する消息を聞くたびごとに、嬉しくてたまりませんでした。又、この集会が、イエス様の摂理の内で、真なる福音を探求する者たちだけの集いとなって、益々栄えますようにと祈って止みません。尚、新年を迎えまして、「主イエス様が磐石の上に築きあげられた『聖書朝鮮』社が、喜びの無い社会に喜びを与え、溜息だけしかない社会に希望を与え、皮だけ残っているキリスト教界に真の信仰を示し、暗黒の中で眠っているキリスト教界に、指針の役割を全うすることが出来るように、沢山の祝福が臨みますように」と遠地にある小生は、唯このような祝辞を新年を迎え、『聖書朝鮮』社に捧げるのみでございます。

正月二十四日夜　　　　　　　　○○○拝上

一月三十日（木）　晴　寒気が少し和らぐようだったが、今朝の気温は再び零下十八度一分に下がった。今年のような寒さにもかかわらず、朝礼の時間にラジオ体操を二回ずつさせ、体操の時間は屋外でさせ、十分間の休憩時間にはいつも生徒を室外に追い出して、教師だけがストーブの周囲に集まり座っている小学校の消息を聞いて憤慨する。

これは教育学とか心理学的素養で教育者の資格の有無を論ずることでなく、人情の有無が問題である。「人情」というよりは、牛豚の「畜情」ぐらいでもあるならできない仕業である。東京の武蔵野学園のような普通の学校を夢見てやまない。

一月三十一日（金）　晴　零下十八度七分まで気温は次第に下がる。登校して授業を終えた後、二月号が出来たので発送する仕事に取り掛かる。封筒書き、発送の仕事、郵便局と京城駅に荷出しするのはもちろんであり、市内の各書店に配達して集金することまで全てを独りでした。書店では「先生がこのような事を全部されるのですか」と言うが、一体、慰めの言葉なのか冷やかしの意味なのか分らない。

主筆、発行者、事務員、配達夫、集金人、校正係、記者、日曜集会講師を兼ねるなど、その外に博物教師、地理教師、英語教師、数学教師（劣等生徒たちに）、家庭教師（寄宿生に）、バスケットボール部々長、バスケットボール協会幹事、博物学会会員、博物研究会会員、地理学会会員、外国語学会会員、職員運動選手、戸主、学校父兄などを全て兼ねている。

月光に照らされる哀れな自分を憐れみながら、帰宅した時は中天に参宿（訳註・オリオン座）がさし昇っていた。

二月

二月一日（土） 晴　最近の酷寒の下、結氷による交通遮断の間隙（かんげき）をぬって、仁川では海産物の蟹一俵が九円、薪馬車一台が六十円まで暴騰したとのこと。

二月二日（日） 晴　午後、復活社の講堂で「善悪共栄の世界」との題で講話。神の無限大と自分の無限小を痛感する。

二月三日（月） 晴後雪　某新聞社で市内の有名な教育家たちを招請し、各自の卓見を聴取した後に書かれた社説について論じたものを読んで寒心。現行法規の一学級五十名の制限が「教育家？」の怨恨の焦点とのこと、「多年の経験家」である某校長の意見によれば、一学級に二百四十名収容した時は成績が優良であったという。これでは教育の理想も役に立たず、学説も顧みられず、一にも経験、二にも経験。ただ彼らの経験がゴム靴工場の経験でなかったら幸いだ。あの新聞の社説が、めくら（ママ）が盲人を案内するの図にならなければ幸いである。

二月四日（火） 晴　地理授業の参考として『大英百科辞典』で大統領アブラハム・リンカーンの事跡を読んでいて、彼も教会に出席しなかったキリスト者だったことを知り、わが意を強くした。彼の態度は前号（訳註・一九三六年三月号の巻頭言『大統領リンカーンの信仰』、『本双書』2巻二一六頁に所収）に記したのと同じであるが、この事は我々が無教会信仰の同志を求めるために、わざわざ探し出したことではない。

二月五日（水）　晴　立春。母上が自ら沸かして下さったよもぎの汁を吸い、大根の切れっ端を食べながら、今日の立春を記念した。これは我が家の祖先伝来の遺風である。代々農家だったために、立春は一年中でも最も意味深い季節である。全ての貧乏人と病人と獄につながれている兄弟のために、この日を記憶する。

二月六日（木）　曇　某税吏の読後感に曰く。

孤寂の中で二月号を拝受し、一気に最初のページから最後まで読破し、大変気持ちを奮い立たせていただきました。その感想、喜び、慰めをいちいち書く時間もありませんし、また、表現する才能もありません。ただ世の中で無用な者である小生にとって『聖書朝鮮』は真実の宝玉であり、生命であることを衷心から感謝する次第であります。このようなお働きにさらにご尽力されるよう、昼も夜もお祈りしてやみません。

二月二日　　○○○

二月七日（金）　曇　ジョン・スチュアート・ミルの伝記を読んでいて、彼も無教会信者であったことを発見して驚いた。アメリカ、イギリスを代表するほどの人物がほとんど全部、教会外のキリスト教徒であることは奇異でもあり、また当然なことでもある。

一度、欧米各国の無教会信者列伝を執筆して、朝鮮キリスト教徒に警醒を促したいと考え無くもないが、無益なことであると知って断念した。アブラハム、モーセと数多くの預言者が来ても、悔い改めようとしない奴はどんなことをしても悔い改めなかったのだから。

二月八日（土）　曇後雪　十年一日のように教会に忠誠を尽くしてきた信者から、最近自分の教会で自分が「無教会主義者」だと責め立てられるが、一体無教会主義というのが何であり、また「教会主義」とはどんなものでしょうか。キリスト教と言えば一つだけとばかり思って信じたが、キリスト教の中でも各派があってお互いに妬嫌（ねたみきら）ってやまない模様だから、自分の態度をどう決めるべきか、と三銭切手三枚を添えて回答を要求して来た。このまだ見ぬ兄弟のために同情を禁じえなかったが、何も答えられない純真な信徒に、無教会主義者だとの汚名をかぶせて快哉を叫ぶ教会主義者たちの心理は、痛嘆すべきことである。

二月九日（日）　晴　午後の集会で、「善なる隣りの意義」という題で講話。八十五号に載せた「病床消息」なる一文に対するの反響以下の如し。

真理の教導伝達の任を尽くしている『聖書朝鮮』誌こそは事業中の事業であり、慈善中の慈善であります。病床消息記を初読、再読中、特に自ら医者となって診た後の感想に至っては、鈍感な私でも感涙に咽むせばざるを得ませんでした。（中略）虚栄の人の世で真の人に出会った感が無くはありませんが、このような人をわが『聖書朝鮮』誌を通して友達に持てる幸福感で一杯であります。この間の冬期聖書集会に参加しなかった恨みを抱いて、来る冬期聖書集会には万難を排して必ず参加をしようと祈っています。（下略）

二月十日（月）　晴　某校の先生が、「朝鮮歴史」号十九冊を購入するために来訪。その単行本の出版を心から願ってやまないという。

二月十一日（日）　晴　立春以後に冷水で洗面しながら、先祖伝来の家訓を肝に銘じた。全身冷水浴するのに比べれば問題にもならないが、まずは立春の日から冷水で洗面することだけでも実践励行して、農民だった先祖の遺風を受けついで守りたいと思う。

二月十二日（水） 晴　今日ガラス切器でガラスの切り方を練習して数多くの失敗をした後、非常に自信が生れたことを発見し甚だ愉快であった。いくらかの練習を積めば、必要な場合にガラス箱をかついで商（あきない）ができそうである。独立の生活を計るには天幕商より簡便なようで、大そう満足感を覚えた。

二月十三日（木） 曇　小鹿島からの長い手紙に接し、喜びが大きい。

二月十四日（金） 晴　原稿用紙を新しく一万枚印刷して来る。

二月十五日（土） 冬以来、喉と気管支を痛めて苦しんでいたところ、今日診察を受けると何よりも日光が薬になるという。しかし難しい薬だ。現在の私の立場としては。

二月十六日（日） 晴　午後の集会では「放蕩息子の帰還」という題で、ルカ福音書第十五章を講解。満州で、中国人の古い家屋一軒を貰い受けて学校を開いている教師の便りに接し、飛んで行って一緒にやってみたい思いが切である。

二月十七日（月） 雪　某氏の招待する宴会まで辞退し執筆数時間に及んだが、一枚の原稿もできなかった。むしろ、食べて楽しむべきだったのにと後悔する。

二月十八日（火） 晴　某氏の言うに、貴方は三十九歳なのか四十一歳なのかと。イエスを五十歳未満だと言っていたことを連想する。

二月十九日（水） 曇寒　書斎のインクがまた凍った。溶かしに溶かして、今は色あせたインキになった。

崇実学校教授会及び教員会の決議というものを新聞紙上で見て嘆かわしい。

二月二十日（木） 晴　授業後、印刷所に行って校正。

二月二十一日（金）　晴　連日校正。今夜も十時に印刷所から帰宅。

二月二十二日（土）　曇　『新興生活』誌を読んで得る所が多い。今日も退勤後、校正。

二月二十三日（日）　曇　聖書研究会員の有志と共に北漢山に登る。輔国門を越えてからは、全山が雪景色。爽快な行軍であった。

二月二十四日（月）　曇　不在中に救世軍と自称する者が来て、『聖書朝鮮』一冊を騙し取って行く。救世軍を自称する者の雑誌詐欺に遭うこと数回。校正また校正。

二月二十五日（火）　晴　『聖書朝鮮』誌上で李鼎燮先生の李景雪嬢についての追憶文を読み、嘆きが深い。校正完了。

二月二十六日（水）　晴　東京で兵隊の反乱（訳註・二・二六事件をさす）の報を聞き驚く。三月号検閲済み。

二月二十七日（木）　雪　満州より便りあり。（略）

二月二十八日（金）　晴　子供たちがそれぞれ自分の用具を自己の責任で保管する必要が起こり、石油の缶や小麦粉の箱など破損した箱の修理をして、四個に紙を張り錠を付けて分けてやる。来年頃にはもう一つ作ってやれば、兄弟喧嘩は予防できそうだ。木工もやってみれば面白く興味深いことである。

二月二十九日（土）　晴　慶南より便りあり。（略）

三月

三月一日（日）　晴　午後の集会で「イエスの奇跡と天然の法則」という題で講じた。意外にも東京陸軍士官学校の片山徹教授が参加され、聖書研究会員に励ましの言葉を下さり、一同大いに感動した。夜七時から市内某教会の勉励青年会の卒業送別礼拝で説教する。夜中十二時頃になり家に帰る。

三月二日（月）　晴　市内の一流印刷所が連名で、いっせいに印刷料金を値上げするという連絡を受け取った。

三月三日（火）　晴　卒業式。例によって型通りの式を挙行した。

今夜ある宴会で、「王中の王」（King of Kings）という洋酒一びん（二升にも満たない）（訳註・一升は一・八リットル）が一金十二円なりというのを初めて見聞した。また同時に、二十五本入りのタバコ一箱一金八円也というのが煙となってなくなるのも見学した。そして、その産地等を記憶して地理の勉強になった。

三月四日（水）　晴　授業以外にすることなし。

三月五日（木）　晴　遺伝の法則と、進化論を講義しながら、讃美の感激を抑えることが出来なかった。

三月六日（金）　晴　紹介者の責任として、頭が痛いにも拘らず、今日も某君の就職を斡旋せざるを得なかった。

三月七日（土）　曇夜雪　今日、学校で満州の地図を掛けて、軍事の講演が行われた。地理学上、多大な収穫を期待しながら傾聴しようと思ったのに、講演は地理に関するものは非常に少なく、その大部分は思想の講演、特にユダヤ教に関する宗教の講演であったが、事実であるならば、ロシアという国は憎むべき国だと納得した。但し、誰でも専門以外の道に足を入れると、脱線しやすい。五山の咸兄が来たので暫く語った。数時間の後、退京した。

三月八日（日）　雪　三月号に載せた無教会問答の設問者の兄弟が送ってきた信仰告白文に接して、その慎重な態度に敬意を禁じ得なかった。但し、無教会の道は孤独、逼迫、悲哀、犠牲の道であるので、予め二重三重の覚悟を要する。告白文は次の通り。

聖父の洪恩の中で、先生の御健康を祈ります。神様の聖なる摂理の中で開かれた、聖徒の交わりに聖旨の完成を祝願致します。不肖罪人が霊的に生まれ替わって、神の国の一員となって、霊界の先生達と交わりを持つことが出来たという事を思う度ごとに、主イエス様の宝血の恵みとその愛の深さと広さとを感じます。親疎の差別もなく、種族と国境との区別も階級も超えるキリストの聖愛に囲まれて、至って微小なる小生にまで時間と精力と労苦を払ってくださる先生の犠牲に、満腔の感謝と賛意を表します。数日前、差し上げた質疑に対する鮮やかな答えと、無教会信仰に対する咸先生の教示等を再三精読して、その真髄を多少理解することが出来ました。キリストとの結合、否、合体による内的生活に、聖霊の生命が活動しているのは事実です。この霊的な生命にいつも支配されることが、新生したクリスチャンの不可避なる事実であり、必然的な姿でしょう。そして、これに反抗する肉的勢力に対して戦うのが、われら信徒達の生活の始め、又終りであると思います。人間主義の儀式と人権を擁護する組織と制度は、必要ないと知りました。このようなものと関係なく、又、妥協なく生きようとすれば、無教会信仰でなければいけないという覚悟を持つに至りました。主イエスのみ仰ぎ見ながら、聖書を通じて聖霊の啓示と導きを受けて信仰に入り、真理の中で生きることが無教会信仰の精神であり、主張であるということも初めて悟りました。

悟性の鍵が開かれる所に、今まで夢の中に見て来た全ての御言葉が、新しい意味の光を帯びて私の意識に迫ります。私が受けた主イエスの救いと、聖霊によっていただくことのできた恩寵を最も良く保ち完成する道は、無教会信仰であると悟りました。組織もなく統制もないけれども、神様の統治を受ける聖なる教会、純粋に我々の良心がいつも主イエス様に直属している不変の信仰が無教会信仰です。この信仰のみが、いつまでも俗化しない、戦闘的気魄に満ちる義兵としてのクリスチャンになることが出来るのだ、と悟りました。数ヶ月前、或る友人が咸先生著、『プロテスタントの精神』というパンフレットを送って来たのを読みました。無教会信仰にあってこそその精神を貫徹し、戦闘的な働きをなすことが出来るという事を確信しました。先生、これは小生が長い時間を教会の中で過ごして来たあげくの、信仰経験に照らしてみた、最も私の信仰の本質を維持発展させることに有益な方向に転換した者の率直な告白です。あまりにも簡単に他人の主張に共鳴する感じがしないでもありません。しかし、これは実に久しく歩んできた私の信仰の階梯と外から受けた衝突、そして私の信仰の旗幟を鮮明にしようとする必要から出発した究極的な結果であって、いわゆる一朝一夕に変わる軽率な振る舞いとは類を異にします。先生、教務に、編集に、日常の事務に、文字通りまばたきも出来ないくらいお忙しい先生に、このような長文の便りを差し上げることをお許しください。この文章は私の信仰告白文と見て、お受け取り下さい。

三月四日　　　　　　　　○○○拝上

今日午後、マルコ福音書第五章「ゲラサの豚」を講じた。

三月九日（月） 曇　或る牧師から便りを受け取った。

……現代教会型の教会を此所で味わいましょう。教会人の社会的地位と名誉は並大抵でありません。二月号の『聖書朝鮮』は小生の気魄を再び清くしました。何時も事が済んだ後に、神様に感謝しています。云々

今日から学年末の試験始まる。

三月十日（火） 晴　陸軍記念日だといって、飛行

機の音が喧ましい。

三月十一日（水）　晴　部落ごとに井戸が枯れて大騒動。印鑑証明が必要となって、世間の事が複雑多端になったことを初めて知った。

三月十二日（木）　雨　試験監督及び採点。

三月十三日（金）　雨　今年度の試験終わる。

三月十四日（土）　曇　就職の紹介は再びしないと誓ったにも拘らず、今日某君の就職が殆んど確定的になったのを聞いてひと安心。

三月十五日（日）　晴　午後二時半に「ヤイロの娘」を講義してマルコ福音書第五章まで終わり、今学期を終講した。主が許されるなら、来る四月第二日曜から再開する予定。

三月十六日（月）　今日から三日間入学試験。去る土曜日の午後四時定刻に入学願書受け付を締め切り、遅刻した者と押し問答して断り、締め切ると百人募集に応募者千四百六人！　講堂はもちろんのことテニスコートにまで天幕教室を仮設した。試験に使う机が足りず、試験監督の先生も足りない。窓の外にいる受験に付き添ってきた父兄たちを眺めながら、感涙にむせぶのを覚える。これは毎年再発する私の持病である。

三月十七日（火）　曇　某校の教務主任の先生来訪。就職の件に関して、人物の保証を進言した。某専門学校教授から、養正高等普通学校の出身で自分の学校を今年卒業する学生の為に感謝祈祷会を開くので、遠路に拘わらずお越し下さいという招待状を受け取り、大変感激した。その一節に曰く、

　その後失礼のみ致しておりますが、健勝であると聞いて、福音のために嬉しいです。三年前、本校に入学した〇〇君が今度、嬉しくも平穏な学生生活を終えて、無事に卒業しました。養正高等普通学校の五年間、彼に目をかけ、特別に御指導をされた先生の胸の中にも、さぞ一条

の喜びが流れたことと推察いたします。もしかしたら、彼が卒業できなかったらどうしようかと、ひそかに慮(おもんぱか)っていた小生も本当に嬉しいです。彼が赴任地に赴く前に、先生を○○にお迎えして、彼の為に前途を祝そうと思いますが、如何でしょうか。赴任地と言いましたが、彼は（先生のお祈りのお蔭でしょうが）案外、よい職場を、それも先生の膝下の近くに得ることが出来ました。○○の某女子学校です。しかし、彼は余り気が進まない勤務先と思っていたようですが。ともかく、新しい卒業生にしては破格な高額の俸給で招聘されました。その事を聞いて、小生も本当に愉快でした。彼がこの収入を身辺の〝プチ・ブル〟的な欲望の為に使わずに、上から委ねられたものと受け取り、賢く使うことが望ましいと思います。（下略）。

三月十八日（水）　晴　入学試験の第三日目。身体検査と口頭試問があったが、『聖書朝鮮』の編集の為、昼も夜も忙しい身であろうとの事で、特に今日は休暇を命ぜられた。こんな特別な待遇に感激して、午前と午後に書斎で働き、夕べに開かれた最終の判定会議にだけ、末席に参加する。そして宴席にも加わった。某訓導の喜ばしい便り一通が飛んで来た。

　何ヶ月もお手紙を差し上げることが出来ず、本当に申し訳ありません。先生は小生がいつも直接感じられるように叱責されますので、こちらから謝罪する一方、独りで赤面を禁ずることが出来ません。在校生時代には厚いご恩を被りましたが、卒業の後、年数が増すごとにそれと反比例して、師弟の情が疎かになってしまいました。しかしながら、その間久しくお手紙を書けなかったのは、他でもなく六学年の受験生の指導に早朝と夜間の余暇を奪われて、こんな事になってしまいました。どうも申し訳ございません。今までは大抵農村の学校でしたから、上級学校への入学の成績がよくなくて本当に残念でしたが、今年は、教育者の社会奉仕と国家に対する奉仕はこれであると思って、一生懸命に頑張った結果、今日現在、○○校一人、○○高二人、○○農一人、○○校一人が合格しました。本校としては、開校以来初めてだと思います。学校の職員達は勿論の事、地方の人達が皆喜んでいます。これは皆、年数は浅く短かったですが、いつも先生が小生に教えて下さった、「教師の精神、熱意」のお蔭だと思われて感謝の至りでございます。それで早速、昨夜から帰りこの手紙を書く次第です。小生のささやかな気持ちをご承知おき下さい。（下略）

三月十四日　　　　小生　○○○拝書

三月十九日（木）　晴　小鹿島より便りあり。（略）

三月二十一日（土）　曇後晴　休日を利用して、全家族で市外北漢山麓の貞陵里を逍遥する。いろんな点で住宅の新築を躊躇していたが、近いうちに氷解けの清らかな水の流れる清潔さと、もの静かな周囲の山林の魅力に引かれて、ついに貞陵里に引っ越すことに決めた。万一、ここまでも発展して環境が騒がしくなる時には、北漢山城の中に再び引っ越す覚悟である。今は北漢山から下りてきて二番目の家である。

三月二十二日（日）　曇　日曜集会は休み、建築に関して、大工と交渉する為に貞陵里を往復した。途中で北漢山の麓で独り礼拝しながら祈った。R君の葉書に曰く、

○○信兄はとても順調で、昨年孵化した鶏たちの産卵を唯一の趣味として、ひよこの孵化の研究に時間を過ごしています。広大なる主イエスの愛の中で。

と。冬を過ごしたニンニクの芽はどんなに青く

なったであろうか。願わくば、病床で喘ぐ友人達の窓ぎわには、青いニンニクが春を告げようとしており、気持ちの上でも、ひよこをその孫まで養育し終える余裕が出来るようにと祈ってやまない。

三月二十三日（月） 晴　学年末の成績会議で、担任の組の中でやむを得ず落第した者が七、八人出た。もう少し何かよい道がなかったかと、担任教師としては自責の念にかられる。市外の貞陵里に粗末な小屋を一つ建てようと企てて、請負人と契約して委ねた。一ヶ月以内に完成するようにと。

三月二十四日（火） 晴　通信簿と学籍簿の整理等で、年度末の忙しさは、あたかも商人の年末のようである。十年目に洋服一着をあつらえて着たが、その祝いの挨拶を受けるのに忙しかった。某教員の便りに、

先生、主の恩恵の中でお身体の平安を祈ります。又、母校の諸先生達もお変わりないでしょうか。小生は、先生の汗と血の結晶である『聖書朝鮮』誌を通じて、多大なる恩恵を受けましたが、一文字だけでも先生にお便りを差し上げず、まことに申し訳ありません。数日前、偶然K兄と知り合うことができ、その後、見舞いに行った時、彼の枕元に聖書があるのを発見しました。K兄に信者として接する時、普通の教会人とは違って格別なる感想を抱きました。敬愛する先生、小生は欠けの多い罪人です。愛する朝鮮の子供達を教えるという使命があまりにも大きいのに。しかし、私たちの主の前に立つ時、『聖書朝鮮』誌を読む時、私に適切な方法と力が与えられます。先生、さらに『聖書朝鮮』誌の為、又小生の指導の為、大いに尽力してください。

三月十九日　　　〇〇〇上書

三月二十五日（水） 晴　学校では学業修了式。暇をみて校正をする。夜は国一館で盛大な宴会。妓生にも種類が多いことを発見する。書画に堪能な者、

歌唱に熟達した老妓、流行歌を真似るモダン・ガール、又、何も出来ない者等。例によって相当に満腹した頃早退しようとして、学校を無断で早退する生徒の後ろめたさを思って同情せざるを得ない。帰途、印刷所に立ち寄って、校正刷りを受け取り家に帰る。夜中の二時ごろまで校正。

三月二十六日（木）　晴　校正もまだ終らないが、今日一日は完全に別な用事のために当てるよう決めた日である。午前中水原に向って発つ。信仰を維持しながら高等農林学校を卒業するR君の前途を、心から祝おうとする佐藤得二教授宅に、陪賓として出席した。時に鼎座して談論し、あるいはカメラを手にして祝万堤、八達山、華虹門などの所々を散策しながら、新しく教師になろうとする者に、先に得た経験を口伝し、尽きない話しを切り上げ、午後八時の汽車に飛び乗り、帰宅。

三月二十七日（金）　晴　一日中印刷所で校正をする。

三月二十八日（土）　晴　校正の他に、建築工事をするために貞陵里を往復する。

三月二十九日（日）　晴　今日も集会は無い日である。注文した梨の苗木百株が到着した。新築住宅地の空地に植える準備をした。

三月三十日（月）　四月号が検閲済みとなり、今夜十時ごろまでに校正を終る。

三月三十一日（火）　晴曇　校了した原稿が工場の手落ちで一頁分が破損したとの事で、もう一度組版して校正する。今日、製本され出来上がる筈であったのが一日遅れた。悔しい。

四月

四月一日（水）　晴　新学年度の始業式。担任の第四学年甲組の生徒達に、まるまる二時間訓話をした。一年の計は、第一日に有るからである。四月号の『聖書朝鮮』誌第八十七号が出来たが、表紙が昨年度と同じ青色になっていたので、もう一度印刷所に返品する。今日から本社所在地の竜江面も、大京城府に編入された。そして、洞・里をそれぞれ町・通に改定されると新聞が報道してから久しいが、名称だけ変更されても、実際には住民たちに何の利益も無いようだ。

四月二日（木） 雨後雪　登校授業。夕方、城北洞の飲碧亭の宴会に出席。こんな所にこのような施設が有ったのを、初めて知った。夜、印刷所に行って、表紙を直した『聖書朝鮮』誌を受け取り運んで来る。印刷所の人が持って来るのを待つことが出来なかったから。

四月三日（金） 雪　朝、『聖書朝鮮』を発送。貞陵里に植樹するために行ったが、みぞれ雪に降られて、仕事を半分もすることが出来ずに帰って来る。ただし、三、四百株のポプラの挿木は行った。

四月四日（土） 晴　好壽敦女子高等普通校の教師を辞任して、東京文理科大学に入学した楊仁性君が訪ねてきた。彼の壮大な志が羨ましかった。

四月五日（日） 晴　今日まで聖書研究会は休み。元高敞高等普通学校校長・沈駿燮氏が死去したことを、新聞紙上で見て驚く。

四月六日（月） 雨　某新任教師の感想（略）。

四月七日（火） 曇後晴　仁川の内里教会の紛糾事件が新聞紙上に報道される。相当深刻なようで心配である。天道教（訳註・李朝時代末期、崔済愚によって始まった東学を受け継いだ朝鮮の民族宗教）にも紛争があるようだ。

四月八日（水） 風雨　職員会。官規粛清、軍規粛清に応じて、我々も校規粛清。苦痛も無くはないが、とにかく粛清は嬉しいことだ。今日、理由が有って、担任の組全員の生徒を罰した。苦しいのは罰を受ける生徒よりも、罰する教師の心情である。

四月九日（木）　曇　イタリアとエチオピアとの戦いが、未だに止まない。満州国を初めて承認する国はイタリアであるとの報道。

四月十日（金）　晴　暁に懿寧園を散歩。祈りの松林はほとんど全滅の状態で嘆かわしい。その後、出勤。授業を終えて退勤。帰宅して、貞陵里に木を植える。

四月十一日（土）　晴　授業後、宴会には欠席して、貞陵里で仕事。

四月十二日（日）　晴　早暁三時ごろ、洞内長老教会の聖歌隊員が復活の讃美を合唱しながら訪ねて来たのは、感謝千万である。

今学年度最初の聖書研究会。場所は従来通り復活社の講堂。但し時間は午前十時に始めることにする。今日は「キリスト教信仰の基盤」という題で復活日曜日を記念する。

四月十三日（月）　晴　住宅資金調達のため、殖産銀行に出入りする。その手続きの複雑さと条件の不利なことに大いに驚く。誰からも借金すべきでは無いが、特に銀行から金を借用すべきではないことを痛感する。銀行が知っているのはただ金だけである。時間や人格、または信用など知ったことではないという所である。一生一回の経験をした。

四月十四日（火）　晴後雨　市内の青木堂での宴会に出席する。実に頻繁な宴会かな！　その会席で、次の宴会、又次の宴会のプログラムが定まるのを見て、唖然とせざるを得なかった。盛んなるかな！

四月十五日（水）　晴一時曇　職員の中で今春普通学校に入学した児童を持った者が八人いるので、寿司の昼食で入学を一緒に祝ったが、こういうことはむしろほほえましくて愉快なことである。私もその費用の八分の一を負担する。

四月十六日（木）　晴　夜の宴会を断って、午後、貞陵里に行って馬鈴薯を植える。建築は遅々として進まず。

四月十七日（金）　晴　夕方洞内で二組の集団の喧嘩があり、しばらく騒がしかった。一方は父子兄弟の一家族であり、他方は不良少年らしい五、六人のグループ。最初は兄弟党が優勢で、不良少年の中の一人を捕らえ歯が折れて血が飛び出るくらい叩いたが、その後は、「やっちまえ！」との号令と共に不良少年達が突撃すると、一家が全滅したかのような老幼のわめき声。時に道行く人の一人が出てきて仲裁しようとしたが「だれが貴様を裁判官にさせたのか？」といって反抗する様は、ナイル川畔でモーセに抵抗していたイスラエルの民そのままの心性！ああ。

四月十八日（土）　雨風　春雨がしとしとと降り続くので、建物の塗装をしていた主人の心は限り無く焦っている。

　エチオピアはついに国都の危急を報じた。我々の祈祷にはたびたび呪う言葉が混じらざるを得ない。

　ある人問うて曰く、「自古聖賢皆寂寞　惟有飲者留其名」（訳註・古より聖賢は皆寂寞なり、ただ飲む者有らばその名を留めん）でないかと。無為徒食の輩を説き伏せようとして、皮肉る愚かな行動であることはもちろん。

四月十九日（日）　曇　午前十時から学生班に英文聖書解釈。マルコ福音書第一章を英文で暗誦する者が数人いた。同三十分から「故郷伝道の失敗」という題でマルコ福音書第六章十六節を講解する。終わって肉体と精神上の疲労が一度に重なって、昼寝して休息をとる。

四月二十日（月）　晴　全てのことが流行。最近では、高等普通学校設立が大流行である。安岳、慶州、羅津等々、雨後の筍である。したがって流行するのは学校創立者の銅像、また銅像。

四月二十一日（火）　曇　イタリア軍がエチオピア

の首都に迫って、エチオピア政府は首都アジスアベバ撤退の報。

今日、学校当局からキリスト教は国体明徴に抵触する、就職の際に口約束ではあったが、養正高等普通学校内でキリスト教の宣伝をしないことを条件にした筈だ、等々の再警告を受けた。いや再警告ではなく、すでに数十回目の警告である。どういう意図なのかは分らないが、とにかく来たるべき日が来るであろう。

今夜も宴会が大観園の楼上で行われる。帰宅途中、印刷所に寄って督促。某長老に会い、昨今の長老教会の内紛、特に京畿老会の混乱状態に関する詳報を聞き、教会と深い関係に入っていない者の幸福を感謝する。ある教会の長老から、警告文を草して月末から金剛山で開かれる修養会に送ってくれと頼まれたが、特に効果が期待できないので断った。

四月二十二日（水）　雨後晴　数日前、B・ラッセル著『宗教と科学』を読み、広告で見た内容と一致していないので、多少失望した。しかし、今日また、同氏の著である『なぜ私はキリスト信者でないか』(Why I am not a Christian)という小冊子を読んで、「神の愚かさは人よりも賢く、神の弱さは人よりも強い」（一コリント一・二五）という言葉がはっきりと真理であることを、いまさらのように感じた。

四月二十三日（木）　晴　授業後に、貞陵里の土塀などの仕事を監督。今日、庭園に約二十本の木を植付ける。今春は挿木と果樹まで合せると、私の関係した植樹は大略一千本。その中から何本が生長して半島の国土を緑化できるかは分らないが、毎年一人一本ずつだったら二千万本、十本ずつならば二億本、百本ずつなら二十億本を春季ごとに植えることになるが、そうなればわずか十年で禿げ山だらけの山河は、新しい衣装をまとうのだがと空想する。

咸鏡南道の興南地方で古塚の中から遺物が発見さ

れて、鑑定を依頼された。少し前に某雑誌社から随筆を書いてくれと原稿を督促されていたが、筆者である私は、どのように書くのが「随筆」なのかわからず心苦しい。これまで、学校の作文の時間の外には文章の書き方を学んだことが無く、やむを得ず『聖書朝鮮』に書く以外は、他に書く機会も無い者で、このような時はどう書いたらよいかわからない。

四月二十四日（金）　曇後雨　早朝、懿寧園の松林を逍遥する。一日でもさらに荒れ果てる前に、活人洞を去る前に、一度でも多く祈祷の場所に寄りたくて。ただ福酒のような薬水まで枯渇したのも無理ではない。自然も反応するとすれば、俗っぽい名前「延禧荘」をつけて、松林を伐採して清渓川にセメントの土管を埋める様を美しいとは全く言えないだろう。授業後、印刷所に行って校正する。小さな不注意で発行日が数日間延びそうで後悔する。

四月二十五日（土）　晴　授業後に職員会議。種別を問わず、数多い人達の会議の場では意見を述べるべきではないと、他人にも教え自分でも肝に銘じていたのだが、今日も我慢できず何回も発言してしまった。閉会後自分の軽率な性格を独り悲しむ。去る二十日までに、某雑誌に原稿を書いて送ることが出来ず、雑誌社の親切な計らいで二十五日まで延期してもらったが、とうとう今日までに書けず、次のような謝罪文を書いて原稿の代わりに送ることにする。「……貴社の丁重な申し出と再三督促されるその誠意に感激して、此度は必ず書き送ろうと決心しました。実際、幾度か書こうとペンを執りました。しかし、「随筆」が書けません。今日まで書いた文章の中に、いわゆる「随筆」に属するものがあるかどうかは分かりませんが、小生は随筆を書こうと思って書いたことは一度もありませんでした。キリスト教の信仰を告白する文章か、あるいは聖書の研究であれば、全く書けないということはないのですが、このようなものは貴社の要求する文章ではありませんし、又、貴社に似合うものでもないでしょう。しかし、薬にも毒にもならず、ただ読むのに面白い美文を、小生は書くことが出来ません。今度小生は、文章を作る文士でないことを切実に悟りました。雑誌の主筆だからと、皆一律的に見ないで下さい。随筆を一枚も書けない者もいると思って、今後は文士の名簿から削除して下さることを懇願します。」

四月二十六日（日）　晴　午前中、復活社の講堂で、「最初のキリスト教伝道隊」という題で、マルコ福音書第六章七―十三節を講じる。帰途に印刷所に寄って校正。今夜、哲学を専攻した某学士と議論する機会があった。その理論の緻密さに驚くと同時に、その思索の世界が非凡なのにも驚く。キリスト教だけでなく、有神論にも反対し、官公署で敬老思想を普及するのにも、その理論的根拠が無いと言って反対していた。彼曰く、「老人と父母とを尊ぶ理由は、多くの経験を持っているからだ」と。「あなた達（キリスト教徒）はなぜ父母に孝行し、老人を尊ばなければいけないか、その理由を考えて見たことがあるか」と問うので、「そんな理論的根拠を考えてみたことはこれ迄に一度も無い」と答えた。「そんな問題に関する疑問が起こった事も無いか」と再び問うので、「孝養と敬老を全うすることが出来ないのが心苦しいという事はあるが、朝鮮人としてどうして孝行をし、なぜ敬老すべきかという疑問が起ることは無い。モーセの書にも、父母に孝養し、白髪を尊敬すべしといい、キリストは神様をお父様と呼んだ」と答えた。すると学士は、博物教師の単純過ぎる頭脳を限りなく憐れんでいる様子であった。しかし、私自身は机上の理論的学科を学ばなかったことと、自然科学によって事実を観察することの訓練を受けたことを、主の前に深く感謝した。此の文学士は日本人で、ソウル市内の有力な地位を占めている中年の紳士である。

四月二十七日（月）　雨　最近の天候は人間の思想界と同様に、極端から極端に変化する。過ぎし冬に寒くなければならない時は寒くなくて、今春、暖かくなければならない時節に当たってかえって真冬のように寒く、今や花咲き春耕の時節なのに、連日の長雨は既に真夏になった感じである。

ホーリネス教会の内紛だといって、六大項目の罪過が新聞紙上で報道されて情ないことである。ホーリネス教会も新聞で取り上げられる程だから、おそらく相当大きくなったのであろう。

四月二十八日（火）　曇後晴　遠足会の日。東小門外の華渓寺まで往復。華渓寺にまで校正原稿を持っていって校正するのを見て、同僚教師たちがからかうこと甚だしい。

四月二十九日（水）　早朝雨後曇　五月号校了。今日当直で蓬莱寺（訳註・金教臣が勤務する学校が蓬莱町にあったのでこう呼んだ）に独りでいると、ちょうど別荘生活でもする感じだ。

S（訳註・佐藤得二）教授の消息に接して意外のことに激憤する。今はその全文を発表できないが、その一節は以下のごとし（日本文）。

……小生如き程度の言辞も当局者にはこのように不愉快に響くとすれば、人の顔を畏れずに信仰を語る大兄等は、身辺に刀槍を突きつけられる様な生活を送って居られることと想像します。上よりの加護と主より賜う平安が、いつまでも大兄と大兄のお仕事の上にあらんことを祈ります。

"You will survice all of them" 我々には生残るより他に勝つ道はありません。そして、この間は貴誌の貴重な誌面に拙著を広告して下さって恐縮しました。朝鮮の過去の栄光を否定し、すべてを今後に期待しようとする小生の見解に基づく荒っぽい議論と、平和的なヤソ教臭い議論が当局者を怒らした様に、誇り高き貴朝鮮青年を怒らせるに相違ありません。貴誌が拙著を紹介されるのは、役所にも、民衆にも危険なことと考えます。なにとぞ御注意あらんことを切望いたします。云々

四月三十日（木） 曇後晴　放課後、バスケットボール連盟戦を観戦する。誌友からの葉書の一節に、

……小鹿島の消息に接するたびに、神様に感謝せざるを得ません。神様の愛は、現世では忌（いみ）嫌われる者達に、さらに豊かに臨むことを思い感激いたします。云々

五月

五月一日（金） 晴　校庭の桜の花が満開。刑事が学校に視察に來たので、今日がメーデーであることを知った。校内は勿論無事平穏。今日から京城市内の自動車メートル制実施。

五月二日（土） 晴　博物の授業で花弁の数を計算させて、子房を解剖・観察させるのは難しいことではなかったが、その美しさに感嘆しながら、造化の神秘さに驚かされるように指導することは、易しいことではなかった。小鹿島から一回来訪せよという依頼の手紙が来たが、数年は応諾することは難しい。貞陵里に帰る途中、なにげなく昌慶苑の前を通ろうと思ったが、夜桜の観賞客達のために市内バスは通行禁止となり、人波はあたかも潮汐水のようにあふれ、乳児の悲鳴、大人の怒声、モダン女性の化粧したまゆ、不良グループのひやかし、車掌の叫ぶ声、警察官の失神等々。どうにかこうにかして苑前の人波を押し分けて脱け出ると、死地から生を得たような感じを受けた。牧者無きあの羊の群達がとてもかわいそうでたまらなかった。「民可使由之不可使知之」（訳註・民を命令に従わせることはできるが、その命令をすべて理解させることはできない）という句を口の中

で繰り返した。

五月三日（日）　晴　京城市内は、昌慶苑の桜見と奨忠壇の府民大運動会で全ての交通機関が超満員であり、街路は上を下への大混乱なのに、我らは復活社の講堂で「バプテスマのヨハネ」の死について講解する。

今日満州からの便りで、どうしても一度来満するよう誘われ勧められたが、今秋は修学旅行がある予定なので、別途伝道旅行を企画するのは困難だと答える。また、同時に今年二十八歳の新郎に信仰篤実な女性を紹介せよというが、「男性の青年たちも信仰を保証し難いのに、ましてや現代の女性たちの信仰を保証することはできない」といって仲人役を辞退する。

五月四日（月）　曇後雨　貞陵里の建築工事は、今日ようやく壁を塗った。雨が降るので昌慶苑の門前は静かだ。咸鏡北道からの便りは以下の如し。

金先生、お久しぶりです。その後も皆さま御元気でしょうか。小生はこの間、東拓牧羊場を退職しました。今はここで牧場を購入して、搾乳販売店を経営しています。独立して活動するので活気ある事業です。全ては順調に進行しています。長年の望みであった多角的農業を実行しようと思います。養鶏も企画し、永登浦種畜場に鑑別雛二百羽を注文する予定です。北鮮(ママ)では試みなかった果樹（苹果(りんご)、栗木(くり)）も、試験的に注文して試植しました。事業に精いっぱい力を尽くして能率を発揮することが、産業または職業の根本だと思います。活気ある事業こそ、霊と肉を完成する道だと存じます。これまで、誌代を送らずにすみません。近い内にお送りいたします。諸先生方によろしくお伝え下さい。宋先生にも宜しく。

五月五日（火）　曇後晴　新築する家の温突(オンドル)を乾か

した後、帰宅すると意外な人から便りがあって嬉しかった。

五月六日（水） 風、曇後晴　宴会を欠席して貞陵里の新家屋の壁塗り工事を始める。エチオピア皇帝の亡命が伝えられる日に、我々は貞陵里への引っ越し準備をする。

五月七日（木） 晴　午前中は貞陵里に引っ越し荷物を運ぶ。貞陵里での第一夜、ちょうど満月の夜、薬師寺の鐘の音さえ清雅に聞える。ただし、蚊の多いのはここが初めてだ。押し寄せる蚊軍はこぞって女軍だというが、その堂々たる態度が一等国の軍団より何十倍で、刺されながらも驚嘆してやまず。今日、中瑾澈氏から、「同病の友に」という正式の原稿が着いた。本誌第八十五号に発表した「病床での便り」は、その時にも言った通り、純全なる私信であったのを私が勝手に発表したものであった。

五月八日（金） 晴　多勢の会合では軽々しく意見を言うべきでないといつも思っていたが、今日は某会議でやむを得ず発言しただけでなく、遂に最後は激昂して、一時は私の血管の血がストップするほどにまでなった。それで会議は、事務処理に熟達した司会者の機転によって延期されてしまった。

「上部命令に反抗。平沢聖潔教会分立」なる見出しで、新聞紙上に大きく報道されたが、その決議文の第三条が注意を引く。

　政治に対しては、人種差別の優越的精神と、金銭勢力の色が濃厚な総務部と、現朝鮮顧問制の独裁的、非合理的、非人道的政治から断固脱して、聖書を標準とする、一つの合理的政治に準じて教会を統治する。云々

五月九日（土） 曇　バスケットボール連盟戦を観戦。新聞の報道によれば「観桜会に風波、現役将校の暴行」という題で、第七十七連隊第二大隊長松平少佐など六、七人の将校が酒宴を設けた高橋平壌府

尹（訳註・平壌府の長官）などを殴打したと。元来桜というものは人の心を酔わせるものであり、大同江というものは風波の起る所だから、事の成行きは当然。

五月十日（日） 晴　午前十時半に復活社の講堂で「牧者無き羊の群れ」という題で、マルコ福音書第六章の五千人のパンを講解する。来会者の中で初めて会った人の言葉に「もう少し老年の人であると思っていたのにまだ若いですね」と。『聖書朝鮮』誌を通して見ると大層年寄りに見える模様、自警を要す。

五月十一日（月） 晴　東京に行っている一卒業生から博物学の参考品を寄贈されて、とても有り難かった。在学時代に数十個寄贈されたよりも、その心遣いがもっと嬉しい。住所不明の兄弟から葉書が飛んできた。失った羊を探し出したように嬉しかった。

先生、貴『聖書朝鮮』誌を通じて、先生の安否がよくわかりました。主イエス様の愛の心で下さったお土産をありがたく受け取り、無限の恩恵を受けながらも、一度も挨拶せず、近況をお知らせ出来なかったことをお詫びします。主の愛のゆえにお教しください。小弟は去る四月二十九日にここの地に転居しました。いつも主の恩恵の下に、仕えて生きておられる先生の健康とご家族の皆様の平安を祈ります。貴歴史号（編註・咸錫憲の「朝鮮歴史」などの歴史に関して連載した『聖書朝鮮』のバックナンバー）の十九冊は、今でも購読することが出来るでしょうか……。

五月十二日（火） 晴　対中東高等普通学校のバスケットボール戦で養正軍は惨敗した。その原因は指導者の作戦ミスだったことがはっきりしていたので、悔恨の念にかられ夜眠られなかった。

善良な生徒一人が新たに寄宿するようになった。

寄宿すべき必要のある生徒は何かの理由をつけてでも退去し、我が家みたいな所に寄宿しなくても品行も学業も両立しうる人は自ら来て寄宿したがるのだから、これも不如意の一つ。

五月十三日（水） 曇後晴　校内の陸上競技大会をソウル運動場で開き、午前中参加し、午後には校庭でバスケットボール部の練習。必勝を期しながら。

東京からの便りは左の如し。

……今日、一金〇〇円を送ります。この金は小弟が先日、塚本虎二氏の集会に出席した時、朝鮮の無教会主義に関して話して下さいと言われて、小弟は特に話すことがないとお断りしました。それでも是非語ってくれと再三要請されるので、五月三日の日曜日に、海上ビル（訳註・塚本虎二の集会の行われていた建物）で（約三百名の集会の聴衆達に四十分間）私達の信仰の戦の歴史を語りました。すると、とても感動したようで、閉会後、朝鮮の兄弟のために多少でも自由献金せよと司会者の勧めがあり、そのお金がこの〇〇円になったとのことです。それで、『聖書朝鮮』の印刷代に使ったらどうかと昨日持って来て下さったので、それを送る次第です。我々の信仰生活を成長させるようにとの趣旨で下さるのですから、あえて辞退せずに受け取りました。三百余名の教友たちが誠意を込めて集めたお金ですから、『聖書朝鮮』誌の発行に使うのが良いと思います。お受け取り下さり、すぐに氏宛に、「聖書朝鮮」社の名義で、謝礼の手紙一通を出したら良いでしょう。

五月九日　　楊仁性拝

思いがけない事である。歳月が過ぎれば喜ばしい事も起るようだ。これによって、無代贈呈の雑誌を増刷する。

五月十四日（木） 晴　貞陵里で、食前にさつまいもの芽二百五十株を植えて登校したけれども、八時半の一時間目の授業に遅れなかった。距離の遠近よりも、勤勉か怠惰かが問題であるようだ。宴会に欠席して、書斎に閉じこもって執筆を始めようとすると、五山高等普通学校出身の某君が訪ねて来て、五山の話しを数時間した後退去する。五山を語れば、何時でも、誰とでも愉快である。

五月十五日（金） 曇後晴　朝鮮バスケットボール協会主催の全鮮中等学校バスケットボール連盟戦で、今日徽文高等普通学校軍に十七対十四で勝ち、養正が優勝。出場六年目に制覇した。競技の興味と練習の成果もまた格別な趣。

嶺南地方からの葉書に、

……本月号の『聖書朝鮮』誌も拝受して、再読三読している中にただ感激の涙を流すだけですし、咸錫憲先生の「世界歴史」に大いに興味をもつようになりました。云々

「朝鮮歴史」号が品切れとなっていたので、今度の「世界歴史」号からは増刷した。

五月十六日（土） 晴後曇　満州で教育に従事する一人の誌友から、孤独と暗黒の中で呻吟する便りが来て、私の心まで暗くならざるを得ない。また病床の友人から、

兄が時々送ってくださる『聖書朝鮮』は、感謝のうちに受け取って読み、多くの慰めを受けます。また、「手紙の代わり」にと書いてくれましたが、それ以上のものでありますから、兄の心情が良くわかります。そして、兄の肉体の過労を心配しています。どれほどの時間があって学生を教え、雑誌を書き、日曜集会を導き、家屋建築ができるのでしょうか。あまり無理に肉体を酷使しないようにお願いします。兄の消息は時々聞いていますが、私の様子は一言も伝えられず、無礼なる弟であることを自認しつつ、

今日まで来ました。実は筆を執りたくありませんでした。昨年、葉書を送った時と別に変わりがないからです。病状も変わりありません。毎日血痰と、時々の喀血だけです。これだけで治れば何の苦痛もありません。体温は近頃どれくらいあるのか、体温計を使わなくなってもう半年近くなりました。熱による苦痛を感じませんので必要ありません。脈拍は耳を枕につけて寝ると、速く打つのが聞こえますが数えてはいません。そんな時は聞きたくないので、仰臥して聞きません。以上が私の病状です。私も来月から『聖書朝鮮』誌の正式な読者になろうと思います。終わりに、貴宅に主の平安がいつも臨みますように祈ります。

五月十二日　　　　○○○

この手紙に対する私の返答。「拙誌『聖書朝鮮』が、大兄の病床のお閑な時にいくらか慰めの材料になるなら幸甚です。大兄の病状経過をくわしく知りたいという者がいるのを知り、苦しい中にも、こんなに詳しく記録して送って下さり深く感謝します。大兄にこの小弟が求めるのは、ただ消息だけです。健康な者には病人のことを洞察出来ない事が少なくありません。主キリストの前に立つ時、彼我の心情が皆あらわになるでしょう。大兄の体験から出た健康に関する注意の言葉は、本当に感謝して受け取り肝に銘じます。」

五月十七日（日）　晴　午前十時半から復活社講堂で、「イエスの海上歩行」と題して、マルコ福音書第六章末を講じる。山村で教育と伝道に献身している某姉妹から、

先生、主の恩恵の下で聖務に忙しいことと思います。忘れずに『聖書朝鮮』を送って下さり、言葉に飢え渇いている私の霊魂を蘇らせて下さいました。無言の中に先生の文章を読んで感嘆

するところ大きく、知らずして聖書を繙(ひとも)いて読んでいます。また、「キリスト教信仰の基盤」（訳註・本双書第1巻一三九頁参照）と題する論文に接して泣きました。キリスト教の基盤の終局は復活であることを表明してくださいましたので、本当に良く理解できました。同時に、イエスは青年期に完全に敗北し殺されたと聞き、ふだんから良くわかってはいましたが、今更ながら大いなる恩恵を受けました。イエス様の一生を深く考える中で、大きな恩恵を受けたその心で書かれたものであることと悟りました。本当にイエス様に従って行こうとする者は、このような心を抱くべきだと存じます。とにかく感謝の心で一杯です。普通学校出身の女子が一人も居ない僻地で、ただイエス様の慰めと主が下さる物だけを望みつつ生きていく中にも、先生が時々貴い書籍を送って下さることに、感謝の言葉がありません。

イエスの当時もそうでしたが、あまりに無知無自覚な人たちと接して生きておりますと、主が遇われた困難と悔しさと苦痛等が偲ばれます。復活節に書かれたその文を読み、ひとしおそのことが想い浮かんで、そのまま本を伏せて「あゝ、主よ、どんなにか苦しかったでしょうか？」と主に聞いて見ました。今、私は教会を二箇所に建て、学校を一箇所建てて、教友は両所合わせてわずか百人未満、また、生徒わずか百余人。十字架に釘つけられて殺される時まで耐え忍びながら進もうと思っています。これからも私を良く導いて下さい。この群の中にも、イエス当時の中央エルサレム教会にもいた頑固なる群が居るようです。またパンを食べて腹が一ぱいになった為にイエスを追って来たように、ここにまでパンを求めて集って来る人達がいるようです。ですから、私がなぜパンを彼らに食べさせたのか（訳註・土地を友人達に買わせて小作料を安く貰いながら、肉体まで生かさせる途を開いたこと）と後悔した瞬間もありました。しかし、イエス様も食べさせる状況だったので食べさせられたのだ、と自ら慰めています。もっとも、イスカリオテのユダさえも私には大きな恩人だと思います。イエス様にもそんな者がいた事を思うと、どんなものを通しても勇気を得ます。私にもこの先には、ただ十字架の刑一つだけが残っていると覚悟しています。もし幸福が来るとすれば、それはイエス様が歩まれた道から脱線したと見るべきでありましょう。専もっぱら主イエス様の歩まれた道だけをまっすぐ歩くように、たえず鞭打って導いてください。聖なる恩恵のうちにいつも暮らせますように。早々。

五月九日。昨日受け取った『聖書朝鮮』を読み終えて

小生　○○○

五月十八日（月）　晴後曇　上下の区別なく手紙の返事を素早く出すのは君子の徳であるとの教訓は常に念頭から去らないが、いつまでも返信の負債だけは清算できない。今日は思い切って数時間を費しながら書いたが葉書六、七枚であった。昨年十月一日、国勢調査の結果、半島人口二千二百万人。毎年平均三十六万八千人ずつの増加だと報道。

五月十九日（火）　雨　朝から雨が降り始めたが、旱魃（かんばつ）中の草木と禽獣に至るまで、蘇生の喜びに踊るようである。ただし充分ではなかった。

五月二十日（水）　晴　中間試験が始まった。

京城府に編入されても、電車の区域は同じ様に市外扱いであり、便所の汲み取り、ごみ集めなど何ら影響は無かったが、今日新たに定められた税率による納税告知書が配布された。京城府民になったからなのかどうか皆目分らないが、納税の種目が複雑な

のを見て、初めて行政区域改編は事実だったと知る。

五月二十一日（木）　曇　ある宴会に欠席して彰義門外旧基里に柳先生宅を訪ね、芋の芽を買い求めてかついで補土峴を越えて貞陵里へ。旧基里から孫哥場まで約一時間の行程であることが分った。近所と言うには近いとは言い難いが、甚だ遠いとも言えない所なのだと思う。

五月二十二日（金）　曇　宴会をたびたび欠席したためか、その罰金五円五十銭を徴収された。ある国では独身税も納めるというから、宴会回避税とでも考えればこれもやむを得ないこと。まして宴会に出る時間を一金五円五十銭で買えるならば、世の中にこれより安いものは無い。時間という時間は一つも残さず買占めたいものである。

市内の船橋公立普通学校の寄付金問題が重大化した様子。新入児童二百二十余名から五円以上ずつ寄付金を要請し、一千百余円する下駄箱を作ろうとする計画が、父兄側の反対と監督官庁の制止で中止されたと。最近の普通学校は一にも金、二にも、三にも金。ある公立普通学校の「お知らせ」によると、「……上級学校へ入学を志望される方は、特に左記により貯金をして下さることを願います」と述べ、各学年とも学校に貯金をせよという。そう言っておきながら、一方では「わが校では自学自習主義であるので、お宅の子供は学力不足だから、家庭教師をつけよ」と。つまり、貯金は学校でやってあげるから、教えることは家庭でやれという達示である。

五月二十三日（土）　晴　放課後、養正高等普通学校出身者で、今年度上級学校入学生の祝賀会があって出席。談話中に興味を引いたのは三件で、その一は、ラグビー選手で卒業後図們鉄道（訳註・旧満鉄）に就職していた者の感想の痛快なことであり、その二は、バスケットボール選手で卒業後浪人生活一年間の用意周到、綿密な受験作戦計画による京城医専の入学談であり、その三は、文学青年として某専門学校にあこがれて入学し一カ月も過ぎぬのに、もう某教授は取るに足らず、某先生も大したことはないという、才子の軽薄な自慢話であった。

この才子に、普通学校一年生の時の先生が尊敬するに価することを知る日の来たらんことを内心祈願してやまず。その他、協成神学校に一人入学できたことは、養正高等普通学校の異彩とでも言えようか。

五月二十四日（日） 晴　復活社の講堂で午前十時には学生班、同三十分から「形式的宗教と真の宗教」という題で、マルコ福音書第七章前半を学んだ。同二十八節は実に偉大な発言。自明な真理であるだけに解説するのが難しかった。

五月二十五日（月） 曇　中間試験完了。生徒達は今日から躍りあがり、先生達は採点を始める。

五月二十六日（火） 曇後晴　午後に、年中行事として全校生が朝鮮美術展覧会を見学。帰途に医専の病室へ某君を見舞おうと思ったが、きのう退院したとのこと。私は世事についてはこのように疎い。貞陵里では今日から井戸掘り工事が始まる。暑くなってから水浴する群が多くて、川の水を飲むことが出来なくなったからである。

五月二十七日（水） 晴　孔徳里と貞陵里と学校の往来が頻繁になるので、今日自転車一台を蓬莱町一丁目の松本自転車店の主人朴昌成氏から購入した。朴氏は柳永模先生が絶対支持される方なので、全てを信頼して購入できるのは愉快なことである。こうした信頼できる職人がソウルの都に十人だけでもいてくれたら！

五月二十八日（木） 曇　満州から、奉吉線の詳しい汽車時刻表まで抄録して、来訪を促してきた。秋季に修学旅行班を引率して行くとすると、帰り途に二、三の友人達と会うのが何よりの喜びである。ただし、「お金が問題ではなく、時間が問題である」

という言葉はその通りだ。手紙によってだけ交流があり、まだ互いに一面識の無い者達同志が、駅で初対面する光景を頭の中で描いてみる。

五月二十九日（金）　晴　授業以外は校正。

自転車で通勤すると、今迄と全く違ったソウルが展開されるのを発見する。電車に乗る階層と、自動車に乗る階層が違い、歩行する階層と、自転車通いの階層がまた別ものである。自転車乗りの大部分は身を賤しい職におき、人に使用される階層の人達であることを認識した。数日来この階層に参加するようになった自分が、人生行路で一階段昇級でもしたように、限り無く誇らしくなる。

五月三十日（土）　晴　登校すると、某生徒の便りに訃報一枚。趙誠斌君が昨夜十一時、世を去ったとの事。半信半疑。井戸掘り工事は五日目に完成する。今日ポンプ施設まで終える。井戸があり、蔬菜（そさい）の畑あり、人に求めることがなくなって自ら足りる。

五月三十一日（日）　晴　今日は市内の集会は休み、有志会員達と一緒に北漢山中腹の谷に集まって、ルカ福音書第十二章十三―三十三節を講解する。私の説教が、大自然の説教を妨げないようにと用心する。枯渇する蔬菜に水を注ぐのが最近の日課である。

六月

六月一日（月）　曇　最近、某誌友を通して養正高等普通学校一学年に入学した幼い生徒の特別な指導を懇請する人がいたので、承諾の返事を出した後よく考えてみると、実質の伴わない空虚な文章のやり取りに過ぎないという呵責に耐え難かった。一日のうち学校にいる時間は六時間、その外は大京城市中で仕事をしているわけだから、特別な指導といっても、挨拶上の修辞に過ぎないのである。だから実質的な指導を望むのなら、現在の下宿生活を中止して我が家に寄宿するようにして起居を共にすることが必要だが、万一にも自然にキリスト信者となるならば、父兄に異議は無いのかと問い返したところ、ヤソ坊主になることだけは断然反対するとの返事を受け、相談は中断。ヤソ坊主の教師に自分の子弟の指導を委託しながら、自分の子供がキリスト信者になることは承知せず、あるいは、自分の妻子たちはキリスト教的に教導されることを願いながら、自分だけは信じまいとする紳士もいた。先生と神様を番犬に利用しようとする徒輩（とはい）！

六月二日（火）　曇　本誌八十九号発送。春川からの便りを嬉しく受け取る。

六月三日（水）　曇小雨　曇らない日は無くはないのに仲々雨が降らなかったが、今日小雨が降る。しかし路上を散水車が一度通ったのにも及ばないので、雨を待つ渇きはまだ治らない。

ベルリン・オリンピック大会にマラソン選手として出場する養正高等普通学校五年生孫基禎が東京から京城に着いて、学校及び一般社会の人達との連合で盛大に歓送会。

六月四日（木）　晴　雨量不足で旱魃（かんばつ）は続く。ある者は天を恨み、ある者は白衣民族の罪と怠惰を悔い改めながら、雨を降らせて下さいと祈る。孫基禎らの一行が陸路でベルリンに向かって発つ。

六月五日（金）　晴　枯死する蔬菜と庭園の樹木等とても見るに忍びず、井戸と川から水を汲んで来て延命させる。疲れたときには、「全て枯れてしまっても構わない」と断念してしまったが、見るに忍びず、「今日まで水をやり、明日はもうやらないよ」と言いながらも、また水を汲む。気力が尽きて怒ると家族が代わって慰め励まし、今日までこのように育てて来たのだから、不断草一葉、ニンニク一株がどんなに尊く又おいしいことか。食卓で頭を深くたれて感謝するばかりである。また、月夜に真夜中まで水を汲みながら、毎年こんな農産物の初穂、初収穫を忘れずに贈って下さる兄弟たちの愛と誠を心に刻まざるを得ない。牛が食べた物を反芻するように、昨年、一昨年、二昨年まで遡りながら、感謝して受けた兄弟達の血と汗の贈り物を再び心に固く刻んだ。いつも受ける度に感謝の心を忘れはしなかったが、今は私自身が一株のキュウリを培い、一葉のチシャを育て、一株のニンニクを延命させて見ると、前日までの感謝は偽りの感謝であった。友人の誠意を十分認識できず聖なる感謝であった。とにかく浅薄な領域を踏みにじったようで、悔悟の涙を水に混ぜて撒き散らす。

六月六日（土）　曇後晴　垣根の無い家であるので北漢山城が北方を防ぎ、南漢山城には大門を取付けた。市内の小さく低くて暗い家でえらい目にあったものだから、バラック式とは言え、明かり取りの窓が充分で陽の光が溢れる如く差し込むので、朝寝をしたくても明るくて眠れず、夕方には疲れ切ってペテロの仲間のように倒れて寝てしまう。朝は雉が鳴いて力づけてくれ、夕方には蚊の集団に刺され忍耐力を養うので、内に信仰のある時は万事を讃美する。明日の集会準備のため、今夜は孔徳里の書斎に戻って来た。

六月七日（日）　晴　復活社の講堂で「シリア　フェニキヤの女の信仰」を講義して散会の後に、学生班の受験準備の様子を聞く。

六月八日（月）　曇　授業の後は、貞陵の井戸の周囲の補修工事。

六月九日（火）　小雨　詩人は幸福な者を次のように歌う。

　このような人は流れのほとりに植えられた木の時が来ると実を結び、その葉もしぼまないように。（詩編一・三）

と。最近の大旱魃は川の流れを乾いた砂場と化し、遂にはほとりの草の葉、木の葉まで干からびさせる。

嘆かわしきことなり。

六月十日（水） 晴　「時の記念日」といって、サイレンの音が高らかに鳴る。地方の優秀な某女教師からソウルへ転勤したいとの希望が寄せられたが、私の斡旋力が問題である。

六月十一日（木） 晴　最近、活人洞で家屋の売買交渉が頻繁であるが、未だ決定しかねる。近いうちに本社も移転する運命に遇うのは事実だ。

六月十二日（金） 晴　活人洞の家屋売買の件で鄭再雲氏と会談。売買と言えば詐欺とか盗人のような心情でなければやれない時代に、我々は実情を吐露して互いが公正な評価であることを認めて、わずか数言で、仲介者もなく売買は成立した。神の前で発言した外に何の契約も無く形式も無く。活人洞で『聖書朝鮮』誌十六号から八十九号までの発刊と、二女一男の贈物を受けた外に、到底量り得ない鴻恩（こうおん）を既に受けたのだが、今譲渡する時、鄭先生のような信仰のある人と交渉することになったのは、真に二重三重の祝福であったことを深く感謝しながら、今日から引っ越しの準備をする。

六月十三日（土） 晴　最近、ソウル付近で「癩病（ママ）騒ぎ」が起こり、癩病人三千名が船に乗ってきて、どこどこに上陸した等々、いろんな根拠のないデマが一波万波を起こしながら伝わっている。愚かなる民衆を嘆かざるべからず。

六月十四日（日） 小雨後晴　午前、復活社集会で、「愛国心と信仰」という題で講話。

六月十五日（月） 曇　登校して、授業の他に引っ越しの荷造りと、普通学校児童の転学の為に、文字通り東奔西走した。一学級に七十余名も満ちているのに、そこへ転学させようとするのであるから無理は無理である。貞陵里の百姓に未だなっても居ないのに、賦役にまず当たる。

六月十六日（火） 晴　子供達の転学問題のために、

阿峴公立普通学校と、恵化公立普通学校とを訪ね歩く。学童をもつ父兄としての転学の難を経験する。生徒の一人が海州の療養院にいくことになったので、中瑾澈氏の文章が載っている旧号数冊を彼の懐に入れて見送る。

六月十七日（水）　曇　引っ越し荷物を軽く簡便にするために、約二十年間集めておいた受信封書、葉書などの残していたものを再読しながら、焼却するのに数日かかった。詩的価値のあるものを残しておいただけに、焼き捨てるには心苦しいものばかりだったがすべて焼いた。転学について、阿峴公立普通学校に相談する。

六月十八日（木）　曇小雨　家具の運搬を始める。衣服棚一馬車と、書籍棚一馬車とを今日先発隊として送る。宴会は欠席。

六月十九日（金）　雨　雨の中、第二回目の荷物を二つの馬車に載せる。雑誌記者の某君から、次のような小鹿島訪問計画を聞いて、あたかも私自身が行くような喜びを持って、色々な依頼をする。

金教臣先生　六月十八日　　　　○○○

『聖書朝鮮』を通じて先生の孤独な戦いを知って、心の底から感謝を捧げます。暑い気候の下、どんなに奔走しておられるでしょうか。小生はその間雑誌『こども』と『少年中央』で、喪主のように悲しく育っていく私達の愛する子供達の友になって暮らしましたが、その雑誌が経営難のため廃刊になってしまいました。そこで今は、意味のない雑誌『中央』の編集をしています。今度私が雑誌の事で小鹿島に行ってくることになりました。初めて行く所ですので戸惑っています。もし先生が良く知っている人がおられましたら、一人紹介して下さい。主に癩病の療養所を見に行きます。六月二十二日頃に出発する予定です。

今日の午後、皆既日食を観察するために、北海道は各国の学者たちでにぎやかなことと思われるが、ソウルは雨天である。ただし、雲の間に部分日食が僅かに見えた。

六月二十日（土）　雨　慈雨が降り始まり、野菜や穀物の枯渇が免れたのは喜ばしい。けれども、引っ越しの荷物の運搬が中断されたのは残念である。仕方なく、荷物は新しく入る主人の鄭兄に任せ、家族だけを連れてソドムの城を脱出するロトの一家のように、ソウル市街を通って、市の東北、北漢山の東南の麓である貞陵里の小屋に全家族が引っ越した。寄宿していた学生四名は通学の距離が遠くなるため、一緒に来ることが出来ず残念の極みであったが、これまた、鄭再雲兄のような誠実な人に任せることが出来たのは、望外の幸せである。

六月二十一日（日）　漸晴　夏至　今朝七時半に、咸兄が校務を帯びて五山から上京した。午前は復活社の講堂で咸兄の講話を聞き、午後には貞陵里の新居で、遠来の朋友を迎える。ただし、今日まで前後七馬車で引っ越し荷物の運搬を終えたが、一つも整頓することが出来ない。

六月二十二日（月）　晴　今日から午前八時に始業。三十五分授業に変わったので、午後は家に帰り引っ越し荷物の整理。柳承欽先生の訃報に接して悲痛に耐えない。先生は同郷の先輩であり、後輩である私に官界進出をしばしば薦められ、それに応えることは出来なかったが、先生の温かい情誼だけは忘れることが出来ない。先生は時代順応の道を時々説教されたが、才智に秀でた先生が、自分の才智により生きてこられた当然なる結論であった。信仰の道を歩もうとする者に、先生の一生涯はいつも大きな教訓として学ぶことが多かった。惜しい哉！

六月二十三日（火）　曇　引っ越し荷物の整頓は未だ終わらず。整理されていない書物は隊伍を離れた兵隊のように、なんら偉力を発揮しない。ここ数日間は巣を離れた雛鶏のように、卵を産む場所だけを見つめるだけで、一行の執筆も出来ない。宴会は欠席。

六月二十四日（水）　晴　東京からの便りは以下の如し。

『聖書朝鮮』を昨夜までに一読しました。朝に夕に刺激を受け、憂うつだった心が、これによって初めて爽快になりました。学校で受け取って、その場で日記の幾節かを拝読したら、本当に痛快でした。母校で先生の鋭い言葉を聞いた時と、少しも異なる所がありませんでした。あたかも先生が前に立って居られるようでした。思えば思うほど感謝であります。学校にいた時と少しも違いなく愛し、指導してくださることを願ってやみません。先生、お元気で、益々社会に献身されながら、多くの成果を収めてください。

門下生　○○○　上書

六月二十五日（木）　晴　昨日まで登校していた担任の組の一生徒が、急性盲腸炎で昨夜入院して手術したが、生命の安否は明日の朝までの経過を待って初めて明らかになるという。人間の命とは本来このようなものであることを知らず、あまり信頼しすぎたら大きな失望を味わうであろう。最近、『朝鮮中央日報』の紙上に、文章をもてあそぶ卑劣、且つ悪辣な人物評論が連載されている。文人と新聞の堕落に対して憤激を禁ずることが出来ない。こんな文章をよくも容認する朝鮮の社会に慨歎やまず。今日、李軒求氏（『朝鮮日報』に）、朱耀翰氏（『中央日報』に）等の堂々たる反駁論文が載っているのを見て、初めて鬱憤の一端が消し散るのを感じた。

六月二十六日（金）　曇　引っ越し荷物の整頓がようやく一段落した今日、意外な賓客を迎えた。汗を流しながら育てたじゃがいもを煮て、わが家の誇りとする冷水を飲みながら、談笑の数時間を過ごす。

六月二十七日（土）　曇小雨　海州救世療養院から便りあり。（略）

六月二十八日（日）　雨　足りなかった雨を、また、降らせて下さった。甘雨であり慈雨である。復活社でマルコ福音書第八章一―二十節を講解する。

六月二十九日（月）　曇　京城博物教師研究会に出席する為に、午前九時から午後四時まで京城師範学校に出かける。その後は学校で宿直。

六月三十日（火）　曇　満州で大豆の脱穀をする実話を聞いて、その規模の大なるに驚いた。某雑誌で某名士の銘心録中に「酒席早退」という一項があるのを見て大いに安心した。学生たちに対して早退するなと訓戒していた習慣によるものか、宴席から早退するのも大きな罪を犯すようで常に不安を感じたが、今後は堂々と早退してやろうと内心決意する。

毎日一章ずつ読んだ家庭聖書輪読が昨夜までにマラキ書第四章を読了して、今日はマタイ福音書第一章をまた始めた。読んでまた読み、さらに読んで、自ずから通ずるようにならんことを。

七月

七月一日（水）　曇後雨　今朝登校時に、黄金町の十字路で交通巡査にストップを命じられた。自転車通行の規程を良く知らないために、こんな事に遭う。学校に着くと五分遅刻。帰途に材木商を訪ね、垣根の材木を購入。

七月二日（木）　雨　一晩中雨が降った。朝出て見たら、家の前の川の水が相当増えていた。雨量は充分のようである。バスと電車が超満員、大混雑であった。帰途に孔徳里のかっての我が家に立ち寄ると、懐旧の感が少なくない。

七月三日（金）　曇　最近、全ての宴会に全部欠席していたら、聖者ぶっているという噂が広がったようだったので、今日は是非参加しようと思ったが、またもや忙しくて失礼した。自分で考えても誠に申し訳ないことである。。

七月四日（土） 晴　今日も宴会欠席。昨日と今日の二日かけて垣根の工事。

七月五日（日） 晴　途中で自転車のタイヤがパンクし、午前の集会に五分遅刻。マルコ福音書第八章二十二節以下の講解。今日、復活社の金牧師宅で、生まれた一ヶ月の仔犬一匹をもらって飼うことにする。

七月六日（月） 曇　エチオピア皇帝の国際連盟に向けた最後の哀訴も水泡に帰して、連盟は遂にイタリアに対する制裁を解除することに多数で可決したと。そういうわけで、全世界で現存の廃帝は六人であると。その一は、エチオピア皇帝ハイレ・シェラシエ一世陛下、その二は、前ドイツ皇帝ヴィルヘルム三世、その三は、前ブルガリア皇帝フェルジナンド陛下、その四は、前シャム（現タイ）皇帝プラジャデニフォク陛下、その五は、前アフガニスタン皇帝ママヌウラ陛下、その六は、スペイン皇帝アルフォンソ陛下などである。退位した皇帝の末路に同情を禁ずることができない。午後には賞春園の宴会にやむを得ず出席したが、以前の如く早退。某君より『方愛仁小伝』第六版の寄贈を受け感謝。

七月七日（火） 晴　一昨日貰って来た小犬が夜中にいなくなった。大騒ぎで捜した結果、隣家のセパード犬にかまれて死んでいるのを発見した。惜しいかな、痛ましいかな、腹立たしいかな。仁蘭宰君の訃報に驚いた。人生は露の如し。

七月八日（水） 曇　登校の途中に入院中の生徒を見舞う。喫煙中に発覚した生徒が受け持ちの組にいたので、長時間説教した後、鞭で三十回なぐった。実に彼を帰した後、キリストの名によって祈った。実に二十世紀の学校教育の一奇観であろう。

七月九日（木） 小雨　七月号の原稿をやっと今日になり完結して印刷所に送る。七月号まではとにかく続くようであるから、これまた奇しき事である。意外の所から『聖書朝鮮』二十部の注文があった。これもまた奇しき事。

七月十日（金）　曇　昨日から一学期の試験が始まった。昨日今日の両日の京城日報社説「落第廃止論」に深く感動した。時あたかも学期試験週間なので、教務室の黒板に「七月九、十両日、京城日報社説精読を要す」と特書して、同僚諸氏の注意を喚起した。

第三種郵便物認可に関する住所移転届の件で、ソウル逓信分掌局へ往復する。南平長老教会堂の長老派と教役者派との肉迫戦が紙上に報道された。聖戦！

七月十一日（土）　晴　『聖書朝鮮』誌発行により平素博物教師たる者の責任を果し得なかったところ大だったので、その職務怠慢の百分の一でも夏休み中に補充しようかと思い、他の中等学校博物教師たちの参加する研究採集会に参加せよとの校命を待とうとしたところ、他教師たちとのバランスを図るために何事も企画しないことを望む、との学校当局の意思が分かったので、これで博物教師としての良心の呵責も免除されて、休暇四十日間を、北漢山麓で完全に家に閉じこもってヘブライ語の文典でも独習することに決定した。こんなことを考えても『聖書朝鮮』の発行に関する限りでは、我が校のような学校は世の中にまたと無いものと思う。博物教師が文典の勉強でもしておれば学校のこともうまくいき、『聖書朝鮮』誌にはもちろん直接効果もあがる。

今日子供の乗る三輪車一台を買ったら、四歳になる正孫の喜びも喜びであるが、これまで四人の娘ばかりであったところに長男として生れた家で、今まで人形などの女児用品ばかり買入れていたところに、男児用の玩具を買ってやる父親の喜びもそれに劣らないものがあることを実感した。

七月十二日（日）　晴　朝、糸瓜（へちま）の棚をこしらえて、午前十時半から復活社の講堂でマルコ福音書第九章一―十三節の研究。これで今学期の集会を完結。今日金牧師宅から、二度目になる仔犬一匹をもらって来た。今度は立派に飼ってやろうと決心した。午後には七月号の二度目の校正をした。

『神学世界』誌で、任英彬という人の「組織か、無組織か」という無教会主義に関する批判を読み驚いたことは、一、任氏は無教会信者と一面識も無い人のように見える事、二、『聖書朝鮮』誌を読んだことがないようで、特に最近発表された咸錫憲兄の「無教会」を読まなかったようであり、三、もし咸兄の「無教会」という論文を読んで、それに対する反駁のつもりで書いたものがこれであれば、任氏は非常に年をとった老人であるか、或は該博な学識を持ってはいるが、発表の能力が甚だ幼稚な大人のように見える。とにかく、朝鮮の神学界の双璧だと自認する協成神学校（訳註・アメリカの南北メソジスト教会によって設立された神学校）の機関紙に載っている論文としては、貧弱だというよりは、むしろ朝鮮の恥というべきである。どこかで一度、根拠のある無教会排撃論が出現することを期待して久しいが、不幸にも未だ読んだことがない。

七月十三日（月）　晴　午前中は印刷所で校正し、正午から登校して試験監督。昼飯の時間が無くて、試験監督の教室で弁当を食べた。午後は雑誌の件で警務局図書課を往復する。

七月十四日（火）　晴　夜しばらく雨。「もろもろの天は神の栄光をあらわし　大空はみ手のわざを示す。……」（詩篇一九・一）という詩人のことばは、読むほど観察するほど偉大な自然観である。午前中は印刷所で七月号校了。午後は登校して試験の監督をする。

最近立派な人士たちが本社近くに引っ越したくて、市内から住宅地探査に来る人が少なくない。今日も某先生夫妻が来て踏査した結果、この洞内で一番よい位置は『聖書朝鮮』社であり、次はその西隣りだと言って、結局、我が家の西隣りを買収するような意向である。善良な隣人が来て住んで下さらんことを待つ心痛切である。来て見る人ごとに、本社の位置が家の敷地として特に勝れていることを賞賛しながら、「どうしてこんなによい場所を選んだのか?」と言うが、「選んだ」のではなくて「与えられたもの」であり、遺産の分け前のように落ち着いたのであり、主が備えてくださったものである。

七月十五日(水) 曇 昨夜降りそうだった雨がわずか数分で降り止み、晴天になりそうで、雨を待っていたのに失望した。蚊に刺されて眠りがさめ、早朝三時半に起床。薬師寺の鐘の音が松林を通って聞えて来る。蓄音機やラジオよりはずっと詩的である。前住所近くに無教養な金持ちがいて、昼夜、高度のスピーカーで全洞内に放送して騒がしくしていたが、貞陵里に来てからはその妨害から逃れることができて幸いである。但し、近所に文化生活をする人たちがいないのではなく、ピアノと蓄音機の音が全く無くはないが、お互い相当な距離を隔てて果樹園内に住むので、我が書斎の静粛さを侵害するほどではない。せわしい一日だった。

七月十六日(木) 曇 遠く鶏の鳴き声を聞きながら起床して顔を洗い終えると、薬師寺の僧侶の読経と鐘の音が聞こえて来る。丁度四時半になったところ。聖朝寺(訳註・『聖書朝鮮』社の自宅をお寺になぞらえている)では詩篇第二十五―二十七篇を朗読して、第一テサロニケ書を通読しながら祈祷。五時に南側の山で雉(きじ)がはばたきながら鳴いている。八月号がすみやかに出せるように祈り、そして努力する。

第三種郵便物の差出局が、西大門局から光化門局に変更され、今朝第一回の見本本を納入する。登校して大掃除と採点。休暇中に生徒が読むべき課外の本として、(一)新約聖書　(二)バニヤンの『天路歴程』(三)ロング・フェロウーの『エバンジェリン』(四)『方愛仁小伝』(五)ユーゴーの『レ・ミゼラブル』(六)ルソーの『エミール』(七)フィヒテの『ドイツ国民に告ぐ』などを薦めた。それぞれ内容紹介の言葉を添えて。

七月十七日(金)　雨　昨夜半から雨が降る。甘雨(かんう)であり慈雨である。最近、ソウル市では、軽気球を利用しての広告が大流行のようだ。遠からず飛行機の広告も出現するであろう。採点提出の日で、正午の五分前までにようやく担当学科の採点を終え、責任を果たすことができて幸いであった。偶然、市内バスでM氏に会い、鮮光印刷所改革の詳細を聞き、帰途に鮮光印刷所に立ち寄り、支配人・金教英長老に経営の抱負を聞いた。朝鮮にも印刷所らしい印刷所が出現する様で、内心喜ばざるを得なかった。久しく願ってきた『聖書朝鮮』誌の印刷が、ここで実現できるのではないかと思った。

七月十八日(土)　曇　最近は昼となく夜となく成績評価をつけるのに没頭。今夕までに通信簿の記入を終え、宿直で蓬莱寺に泊まる。外地に留学した卒業生が、時たま休暇で帰省して母校を訪ねて来るが、彼らに会う時はいつも喜ばしくもあり、恥ずかしくもあり、腹立たしくもあり、空しく心だけが乱れてしまう。筋骨たくましい体つきで、母校を忘れ得ない奇特な心情を見せてくれるのは喜ばしく、日進月歩する彼らの学窓生活で、「その間先生はどれ程進歩されましたか」と問い返すような顔に出会う時、停止ばかりして佇(たたず)んでいる私の顔がひどくほてり、心情は自ら手当たり次第憤懣(ふんまん)をぶつけたくなる様に激する。しかし、向上する人物と語り合うのはやはり有益な時間である。

七月十九日(日)　霧　午前十時から、貞陵の本社で礼拝。普通学校第一学年と第四学年の子供達を相手に、日曜学校を始める。関西学院の神学部に在学中の李昌鎬君が参加する。ルカ福音書第二章四十節以下について話す。数日前から蝉が鳴く。閉会の後に、三組の来客の接待をしたので多少疲れる。

七月二十日（月） 曇後晴　今日をもって第一学期の終業式。待望の夏休みが来た。隣国の中国では、中央と西南派の抗争。今度の争いで、中央政府の統一事業が一段階強固になる様だというので慶事だ。帰途に「イエス教書会」に立ち寄って、委託販売の上半期分の売り上げ代金を受け、再び鮮光印刷所に立ち寄り、八月号から此処で印刷することを最終決定し、原稿を手渡す。

七月二十一日（火） 曇　今日の午後、安鍾元先生が三、四人の老人と一緒に訪ねてくださり、入居一カ月余り、このような光栄はまたと無かった。呉葦滄先生は七十三歳の高齢でまだ壮者をしのぐ健康であった。若い主人が老人と応対しようとするが、ただ感激が切実であるのみ。前庭のまくわうりと後庭の生水を汲んで差し上げると、皆甘いと称賛されるので恐縮する。

今日終日書斎に閉じこもろうとすると、テニスをしようと誘う人や、将棋を指そうと誘う友もいた。休暇中なので暇があるだろうと思い、互いに慰めようとしてであるが、おかげで今夜も夜中（早朝）の二時まで執筆。

七月二十二日（水） 晴　にわか雨　印刷所に行こうと思って、東小門を越えて市内に行く。「聖書朝鮮社」の仕事で鉄道局図書館を往復し、養正高等普通学校に立ち寄って郵便物を受け取る。途中、にわか雨に会い帰宅。願わくば『聖書朝鮮』以外のことでは、夏休み中に一回も市内に入ることがないように。今夜、隣の家で讃美歌の練習をする。

七月二十三日（木） 晴　午前中は旧約の研究。午後にはトマト畑に添え木を作る。午後に連続して来客三組。初めは田園生活をするために先ず高等農林学校に入学しようと志す学生に、農事に関する知識と技術よりも、土と農村を本当に愛する精神を培うのが基礎工事であり、高等農林学校卒業の後に十年間は自分の修養を積んで、自分自身が農夫になった後に、他人を指導すべきであると述べた。次の来客は結婚の相談であった。我々の貧しさと無能と、非モダン的な旧式教育等々の欠陥を披瀝する。三番目の来客は我々の敬愛する親友が、我々を誹謗しているという報告を携さえて来た。それに対する私の答えは次のとおり。「そんな言葉を耳にしても、ちっとも残念でもなく、有り難くもない。考えてみると、親戚や親友との不和というのは、間歇泉のようにおおむね周期的に噴出するようだ。そのまま知らんふりをして放って置けば、遠からず復旧できる。近すぎると争いもする。むしろ心配なのは、私が私の近い親族を怨んで見たり、骨肉のように過ごした親友の悪口を言ったら、聴いた人たちがかえって私を蔑視することである。近い立場に居るものを謗(そし)ることは、天を仰いで唾を吐くのと同じである。その唾が自分の顔に落ちるのは当然である。我々の親友が、万が一にもあなたの言葉のようなことを言ったとしても、私を傷つけようとして、かえって自分自身の徳を傷つけるだけではないかと恐れます。云々」

接客で多少疲れた。夕飯の後には讃美歌を練習する。

七月二十四日（金）　雨　昨夜以来ずっと豪雨。川が増水する。旧約を勉強すると、聖書へのおもしろさがしだいに起きてくる。雨が止んだ隙を狙って、トマトとヘチマの畑に肥料を施す。知人から平沢聖潔教会からの脱退宣言書が送られてきた。

七月二十五日（土）　雨　川がだんだん増水してきたので、食前に川を修理する。洞内の交通は一部不通になり、松亭橋だけを回って行くようになる。午後には鮮光印刷所に行って、八月号の校正。初校は印刷所のほうで見てくれて大いに助かる。

七月二十六日（日）　雨　午前十時に日曜学校の二回目の集会。使徒行伝第五章により、アナニヤ夫妻の話しをする。

仔犬が丸二日何も食べずに苦しんでいるので見るに忍びない。犬を飼う経験の多い人の診察によると、瘟熱病という人間の猩紅熱（しょうこうねつ）に当たる病気にかかったので、絶対安静の外に薬も無く食べさせるものも無いのだと。ただ安静させて回復を待つのみ。

連日の豪雨で川の水量が増して、清く堂々と休むことなく流れるさまは、エゼキエル書第四十七章にある生命の水の清流を連想させてやまない。浄潔と生命の水を象徴するこの清らかな川に飛び込み一浴びした。夕方讃美歌の練習をして、その後、夜一時半まで執筆。

七月二十七日（月）　曇　川の水量がだんだん減っていく。今日も清流で沐浴した。某教派の伝道師で熱心に牧会する人が来訪した。彼は弱小な教派の教役者という。以前と同じ同情と親しみをもって握手し迎えながら、遠い道を東小門外の本社まで訪問してくれた誠意に感激。しかし、驚くなかれ。彼は福音の伝道者として我々を訪問したのではなくて、某生命保険会社の勧誘員としての仕事で、炎熱にも拘わらずに、この谷間まで訪れたのだ。因って別に語ることもなくて、ほんの数語を語った後、彼は大門に向かって去る。午後は鮮光印刷所に行って校正。

七月二十八日（火）　雨　午前から印刷所に行って校正。休暇中は東小門の峠を越えまいと願ったが、『聖書朝鮮』発行のためには、願いもかなわなくなる。仁川近海（富川郡多朱面竜亭里）で、満潮の時間を利用して、ぼら（鯔）を捕る生徒の詳細な報告に接し、ぼらの習性、漁業の釣り道具、海辺の生活などに関して、有益なこと多大である。

七月二十九日（水）　曇後雨　今日も市内に行って校正。今日某氏に誘われて、和信商会の屋上食堂で昼食を食べながら、施設の完璧なることに驚くと同時に、こんな文化生活に慣れていないので、同行した人からも「田舎者」とみなされるようで、内心では恥ずかしさを禁じえず。隣の席に座っている某中学生がなれた手際で、女給とボーイ達に指図しながら食堂のホールを独占する様子を見て羨ましくもあった。ただ、その学生は下宿の費用を払わない事で有名で、宿を移すたびに、下宿の主婦が学校の当局者に告発する学生であった。流行中の病にやられた仔犬が遂に死んだ。犬を飼うことは断念せざるを得なくなった。

七月三十日（木）　曇雨　出版物の許可願いに、印刷所変更届を添えなければならないと聞いて、今日再手続きをする。満三年半前に卒業して出て行った生徒—遠からず医者になって社会の一員となる人の最初の手紙を受け取り、とても嬉しかった。

（前略）先生から離れてここに来て学び始めて、いつの間にか満三年を過ぎました。短くない昔のことが偲ばれます。……満五年間養って下さった母校は、少なからず良きものを与えて下さいました。いつも耳に嬉しく響く言葉は、「養生」「C先生」「K先生」等です。満三年間、先生に一通の手紙も送らなかった者が、突然に筆をとってあれこれ長く書くことをお許しください。たとえ文通は無かったとしても、養生高等普通学校の近況を知るのには校友誌があり、新聞もあります。或は、偶然に会う友達を通じても知る事が出来ます。しかし、先生と私の間の師弟の関係は、このような少ない文通によってでも続けたく思います。遠からず私も社会の一員になると思うと心配になります。もしかしたら、二重人格者になりはしないかという憂いもあります。結局、単純に考えるのが第一の早道だと思いますが、これについて教示して下さい。

彼らの消息を耳にするまでの三年間は、三十年のように長かったが、無事に就職して行く様子を知って見ると、三年が三日のようでもある。帰って来い。教師の心は誰にでも、いつでも、開かれている。

七月三十一日（金） 曇暫雨　清涼里に金貞植老先生を訪問。積極団（訳註・一九三二年、ＹＭＣＡの総務であった申興雨が中心になって始まった超教派的信仰団体）一派の顛末（てんまつ）に関して、最も信頼に値する知識を得ることが出来たことは有益であったが、知ってみると、朝鮮キリスト教会も寒心にたえない。とうてい治癒の術があるようには見えない。

八月

八月一日（土） 曇しばらく雨　補土峴の下の薬水庵の前に水筒をかけて、母上の薬水飲みと水浴びが始まった。水も充分だし滝も多いのがわが里の誇りである。午後は印刷所に行き、もう一度督促した。ついでに満州から来た注文の印刷物のお使いもした。聖潔（訳註・ホーリネス）教会から郭載根牧師が追い出されたことを知り、寂しさを禁じえない。

帰省の生徒に牧牛に関する調査を頼んだところ（一）賭地牛（訳註・年払い条件で借用する牛）（二）共同出資の牛（三）ペネ牛（腹内）（訳註・他人の牛を飼って成長後または子牛を産んだ後、主人と飼主が約束によって利益を分ける）（四）利益分配牛などの種別を挙げて詳細に報告して来た。但し、これは忠州地方の慣例。どうすれば世界に比類稀な我々の牛を、二千万頭以上に増殖できるだろうか。

八月二日（日） 曇　日曜学校ではサムエル記上第十七章により、ダビデとゴリアテの話。夏休み中の生徒たちから来た手紙を読んでいるうちに、次のような一通を発見して深く感激した。

（前略）終業式の日に、通信簿を受け取って、前学期に努力があまりに足りなかったことを知り、本当に怠けていたことを、今更ながら反省せざるを得ませんでした。しかし、私が二学年に上がった時、父が私の為に禁煙、禁酒をされたと日記帳に記録しました。その傍らに先生が親筆で、「不肖の息子になるな」という教訓を書いて下さったのを心に銘じて標語とみなし、今まで暮らしてきました。血と汗を流しながら家計を支えて、私のような者に数千名の同胞を代表して中等教育を受けるようにして下さった、慈愛深い父親の苦労と母親の期待を水泡に帰せしめないようにと、私なりに努力しようとしましたが、私の心はあまりにも隙だらけでした。しかし、先生が激励してくださった教訓のように、私も成績を上げることが出来ると悟りました。しかし、全てが私の怠惰のためにうまくいかなかったことも悟りました。次の学期には、必ず優等生になるよう実力を充分に培っ（つちか）て、父母の前に恥ずかしくない成績表を捧げて、両親が喜ぶ顔を見ようと思います。今度の成績は本当に、父母に対して面目ありませんでした。こんな成績を父母の前に出すのが済まなくて、また、罪を犯したようで、昨晩鞭を作って父親の前に出しながら、謝罪の言葉を述べましたが、父親は少しも怒らないで、かえって笑顔で「全力を尽したならそれで良い」と言っただけ、そのほかは何の言葉も語りませんでした。いつもは甚だ厳格だった父親が、その日はとても慈愛深くありました。その日の夕べに、参考書を買ってきて勉強を熱心にしろと、お金を五円下さいました。私は感激して涙を流しました。父親は幾度も言われました。「目的は成績ではない。実力である」と。父親は私が参考書が無くて、他人のように勉強をすることが出来ないと思っているようであります。それで不自由な勉強をさせないで、実力をすべて発揮して、上級の学校に入学するようにと激励してくださいます。私は、この世界で二人といない幸福者であると悟りました。（下略）

この子は百余名の中でいつも十番以内の順番を保つ生徒であり、その父親は某新聞の配達夫をしながら、ようやく一家の糊口を計っている者である。養正高等普通学校に入学したその子に、禁酒、禁煙の美風を養うために、まず自分自身から年来の悪習を断ち切ったと言う父親。畏敬すべき父と子である。このような親子を発見し、時々その家庭を訪問し、胸に秘めていた敬意を表すことは教師をしている者の特別なる楽しみである。夜十一時から一時間、ベルリンから送ってくる世界オリンピックの実況放送を傾聴。

八月三日（月）　曇後雨　朝六時半からベルリン・オリンピック放送を聴くため、三十分間を浪費した。昨日は第一日曜日だったので印刷所は休業。今日の午後、ようやく八月号の製本ができた。急を要する物は印刷所に行って直送する。安国洞の十字路付近で李鼎燮先生に偶然会ったら、堤防が決壊し洪水が押し寄せるように話し始めた。路傍でははばかられたので、近くの喫茶店に入って傾聴すること約三時間。二言三言答えた以外は、先生がとうとうと語り出される思想の洪水に、ただうっとりするばかりであった。李先生とよく似て、思索が緻密でしかも思想が豊かで、会う人には口を開く隙を許さない、同型の人が他に二、三人おられて、実にソウルでの一大壮観と言うべきである。

八月四日（火）　雨　夜来の雨で前の川は大変な増水である。雨の中、宋斗用兄が訪ねて来た。今日の宋兄と昨日は李先生にお会いしたが、今朝その二人が夢に現われたことは不思議なこと。高等教育を受けた某文学士があるキリスト教徒の夢を議論するのを見て「二十世紀現在の青年たちが夢を信じると思うか?」と迷信のように嘲笑したが、夢は今日の科学でもやはり不可思議なことである。

八月五日(水) 曇夕方晴　宋斗用兄は昨夜泊って、永い間ご無沙汰して懐に抱いていた思いを話し、今日の午後退去した。やはり、友は長い付き合いほど貴重である。来たる冬期聖書集会は梧柳洞で開こうと、諸般の接客準備を宋兄に依頼し、講話を任された人はその勉強に専念することにする。ポプラの梢にかかった明月と、柳の木の下を流れる川のせせらぎを、そのままにして眠りにつくのが惜しく、十二時近くまで庭内を逍遥してから、月光が遮られぬように窓を開けたまま眠りに就いた。

八月六日(木) 曇　天候は曇ったり晴れたり定かならず、天気予報も頼りにならず、常識的な経験でも判断できない。晴れた合間に母上のお供をして、薬水庵の滝に薬水飲みと水浴びに行った。北漢山麓の風景が最近の増水によって佳境に入って行く。

八月七日(金) 曇暫雨　ヨハネ文書の勉強の暇ひまに草取りと土手の修理。夏休み中の生徒から、農村についての知らせが引き続き来る。その中で、抱川郡永北面小山里では、洞内の共助会で「購牛講」を組織してから三年目に、一軒も洩れなく牛を一頭以上飼うことが出来たとのこと。喜ぶべき便りというべきかな。

八月八日(土) 立秋　半晴一時にわか雨　母親を連れて、薬水庵の滝に水浴びに行ったら、左足を怪我した。不思議にも出血が止まって下山。

八月九日(日) 曇　午前は日曜学校。箴言第三十一章十節以下で東洋固有の模範女性を学ぶ。今夜十一時からベルリン・オリンピックのマラソンで走る養正高等普通学校五年生の孫基禎のために祈りながら、床に就く。

八月十日（月）　雷雨　午前六時半からベルリンから来る電波を傾聴する。オリンピック・マラソンの実況放送を聞く間、手に汗を握った。孫基禎一着、南昇龍三着の報に喜びを禁じ得ず、また、涙がこみ上がるのをこらえることができない。最近のラジオの天気予報は、毎日間違った放送ばかり。続くにわか雨でだんだん小川は濁流と化し、今夏の最高水準を示す。

八月十一日（火）　雷雨　稲光と雷の音と風雨の音が余りに激しくて目を覚ますと、時は午前一時であるが、雨滴が一粒一粒となって降るのではなく、まさに太平洋の底の水をすくって来て、北漢山の頂にひっくり返したような光景である。自分が今、水中に浮いているのかと反問するほどの天地の変動である。偉大なるかな主なる神の力よ。我が家のような家屋は一つの野営の仮小屋にも及ばないのを悟って、不安でもあったが感謝でもあった。

朝日の昇る頃、蝉が鳴き青空が見えたのは昨日と同じであったが、蝉も最近はまちがった鳴き方をするのは天気博士たちと同様。終日の豪雨で、前の川の堤防が危険なので、全家族が力を尽して決壊を防ぎながら、天下の農夫たちと心配を共にする。

今夜、孫基禎のマラソン優勝を祝賀する宴会が開かれるとの招待があったが、例のくせで宴会には欠席した。新聞配達は三日間、郵便配達は今日一日中断される。聞くところによると清涼里、麻浦などは交通が杜絶（とぜつ）したと。

八月十二日（水）　曇　天気予報に反して終日雨が降らないばかりか、夕方には星まで輝き光っていた。数日ぶりに新聞も読み、郵便も受け取った。

『聖書朝鮮』誌八月号の第三種郵便物発行日をめぐって、光化門局と京城郵便局を往来する。郵便局は郵便局としての権威を主張するために一字一点も看過できないと頑張り、警務局は出版法に関する規定があって動かず、お互いに官権は同じであるのに、どちらに調子を合わせて踊るのが純良な民の役を果たすことなのか、甚だ困難な立場に直面する。

午後、崔泰瑢、鄭再雲、安商英の諸氏が訪ねて来て川で水浴びをし、塩を入れて煮たじゃがいもを食べながら、教会論と無教会論も尽きなかったが、それよりもキリストにあって生きる友誼を温められたのが有り難かった。

咸錫憲兄の短い便り、以下のようである。

主にあって健在を祈ります。今朝、孫基禎君のマラソン一等の報に接しました。実に惰弱な朝鮮のために、万丈の気焔を吐いたものと言えるでしょう。養生高等普通学校の建物と運動場が世界一等のマラソン選手を出したのであれば、我が朝鮮は、永遠の競走場で勇者の冠をかぶるようになることを信ずる信仰がいっそう篤くなります。云々

八月十三日（木） 曇漸晴　久しぶりに一日中晴れた日になったので、今日大根と白菜の種を播く。堆肥を作る。子供達がじゃが芋の皮をむくのを助けてくれたが、とてもむずかしいことを発見する。貧しい農家の農繁期に、毎日食べる食料品なのに、こんなに難しくて、手数をかけてようやく食べることが出来るのか。じゃが芋の簡便な料理法を知る者に教示を願う。咸興の安尚哲医院の開業通知を受けて、純粋なるキリスト信仰の医院が一つ出現して嬉しい。

白頭山登山途中の柳君の葉書に、

東海岸の美しさと、高くして青い山々は実に勇壮でまた秀麗です。古茂山と茂山との間の沿道は、今ようやく野の花が満開で、とても美しいです。高山の蝶が飛んでいます。豆満江の急流も壮快です。（茂山で）

とあったが、とても羨ましい。平安南道の勝湖里か

ら三十六洞天の探勝に来いという誘いもあったが、欲には限りが無い。近頃は、清い水があふれる前の川は水の音も途切れなく、北漢山連峰は高山的涼風を惜しみなく送ってくれる。金剛山だったら摩訶衍に泊まっているようであり、妙香山だったら普賢寺の前にテントを張ったようでもある。まして、ポプラの梢に明るい月がかかっている夜に、なにをか更に望まんや。

八月十四日（金） 前晴後雨　長雨が既に過ぎ去ったと早合点して、天気予報も聞かずに朝からセメントの工事を始めたが、途中で中断した。半自作農だが完全自作を志しているという勤勉な若い農夫の便りに接して非常に嬉しかった。一日も早く小作農の域を脱して、自作農になるようにと願う。

（前略）枯渇した私の霊に、生命の水を注いでくださって有り難うございます。『聖書朝鮮』誌を読むとき、「聖朝通信」は再三読みますが、小生には手紙を書く材料が一つもありません。その間、二回位手紙を書きましたが送りませんでした。先生には公私とも事務の多忙中、引っ越しまでされたのでどんなに忙しかったでしょうか。引っ越しの状況は、『聖書朝鮮』誌と、○○君を通じて良く知っています。これ以下は私が感謝することをお知らせしたく思います。

（中略）現在のようであれば、私の家は本当の農家らしくて面白いです。先生はいろんなことを指導してくださいました。今後、教えてくださる事がありましたら、手紙などでいつでもご指導ください。農業をするにも知識が無ければ出来ません。なお、畜産にはもっと技術が無ければ不可能ですから、この方面に関する本がありましたら貸してください。もし無ければ、そのような本の名と販売店と、価格等を教えてくだされば感謝です。云々私自身は農業に関する経験と知識が浅いので、このような若い農夫と交流しながら、互いに励ましあい、健全な農業朝鮮を建立していくことを祈ってやまない。

八月十五日（土）　曇　朝は旧約聖書の勉強、午前は便りの整理、午後は河川の土手の修理と上級学校、及び職業選択を相談しに来た学生と対話。夕方には執筆。外から見て、ソウル市内で一番幸福者だと人々が羨ましがる理想的な家庭の中で、悲しみの涙と溜息が絶えないという事実を知って、今更ながら驚いた。幸福のみを追い求める家には幸福が来ず、幸福を断念し、困苦を覚悟した家庭には夕べ毎に、日々、身に余る恩恵の感謝と賛美が湧き出すのだから、なんと恐ろしいことよ。誰も大言壮語することが出来ない。

信仰に足を一歩踏み出した、幼くも勇敢な兄弟の便り次の如し。

（前略）『聖書朝鮮』誌を熟読するうちに、信仰生活は、人間に於いて無上の基礎工事であると悟り、これを通して小生の生活を照らして見ます。咸先生の「朝鮮歴史」は、超人的な預言的色彩を帯びているようです。この本を未だ読まない者は、本当に不幸な人だと思います。小生は『聖書朝鮮』誌を通じて、聖書を通じて、信仰の必要性を悟ることができ幸いだと思います。しかし、私を他人の如く自由に放っておかれては、信仰の道を歩むことは出来ない弱い者です。

父母の禁止、村中の人たちの妨害非難等が限りないからです。しかし、だから我々は戦闘の意識を持てるし、本来の使命を悟れるのだとも思います。とは言え、小生は未だ信仰が堅くないのを自ら悟っています。先生、小生が父母に背を向けて、キリストとその福音のために生命を捧げる信仰の子になれるように指導して下さい。村中の人達と戦い、故郷を捨てて未知の行程を歩む人間になれるようにして下さい。愛に満ちておられる先生、その愛で以って万事が未熟な小生の将来を指導して、非常の時機に遭う時、万人の前でひどい責め苦にあっても、義のために屈しない者になるようにして下さい。これが主に対する小生の祈りですが、そのようになれるか心配です。先生の門扉を出入りすることによって、「荒野で牧者なしに生育された羊が主人を得た如く」聖書の真理を味わうことが出来ましたし、祈ることを学びました。これ以上の貴い学びがどこにあるでしょうか。この恩恵は死んでも忘れません。先生、乱筆と拙筆をお許しください。九月の集会には出席して、先生と多くの友人達に会おうと思います。先生のご健康をお祈りし、これで終わります。

八月十六日（日）　半ば晴　末伏（マルボク）（訳註・土用、立秋後の最初の庚（かのえ）の日）の日に滝の水浴びが特効があるとのことで、家族こぞって水浴びに行く。今日は、昨年開拓した養老の滝の方に行った。日曜日でもあり末伏も重なって、途中に川魚取りをする人たちが所々で見られた。野外での遊びも今は一種の流行のようで、少年たちだけで集まって飯を食べる所もあり、女店員風の人たちも見えるし、某官庁の給仕、用務員の集まりみたいな者たちも通りがかりの人をからかいながら歌謡のレコードに興じ、半玉の年端の行かぬ妓生たちとテントの中で酔いしれて歌い踊る紳士ぶった人も見え、子女を連れた老夫妻と新婚間もないようなカップルも何組か岩間のしぶきの向う側に点在していたが、天香園、賞春園の近所には京城市内のタクシーが、全部出て来たかのようにズラリ並んでいた。好景気なることこのようであるから、天下太平であろうか？　日没後家に帰ると、崔、李両先生の他に貴重なお客の皆様が、空家に立寄って帰られたことが済まなくてたまらない。

八月十七日（月）　晴　昨日の過労で何も出来なかったが、午前中は接客二回。最初は生徒の入学のためにしつっこくしばしば来る人であり、次は就職運動をしに久しぶりに上京した青年。二人とも喜ばしくもあり、うるさくもある。午後は満州に住む兄弟の依託を仲介するために市中へ行く。大沢商会印刷所に交渉。帰途に近親を迎え、夜十二時が過ぎるまで歓談。今日、井戸辺のセメント工事を終える。

八月十八日（火）　半ば晴　午前中に柳永模先生の父子二人が山を越えて遊びにお出でになったが、昨夜から泊っている来客のために時間を折半せねばならなかったので、永い間蓄積された先生のお話の洪水を全部聞けなかったことは一大損失である。先生が言われるに「趙誠斌君があのように急に逝ったのには、必ず後に遺された我々に大いに学べ、という教訓があるのだろう」と。深く感銘。

八月十九日（水）　晴　ある友人の家庭問題の訴えを聞いて、同情を禁じえない。父母に責任と恨みを向ける旧式家庭ならばいざ知らず、最近の専門教育を受け、真実でしかも熱烈な恋愛結婚によって皆が羨ましがる理想的な新家庭を築いて間もなく、若い婦人が留守宅を守ることすでに数ヶ月という。悲憤に燃える婦人を慰める術がどこにあろうか。しかし、放縦無頼の夫を縛り付ける鉄の鎖がどこにあろうか。愛の道を知らない人たちなら義理の道でも教えてやれようし、無知な人たちなら説教でもしてあげようが。そこで、まずは夫人からイエスを信仰する道を歩き始め、毎日聖書を読み、祈りをする生活を続けよと勧める。恋愛至上主義ではその恋愛まで失ってしまう。夫（あるいは妻）よりもキリストをもっと愛し信頼するときに、夫婦の愛も得るし、家庭の平和も回復する。火を見るより明らかなこの方程式を理解することが出来ず、身体は日ごとにやせていき、精神は朝夕に混乱を極める様子は、実に見るに忍びない。今日も数組の来客に接しながら、暇を盗んで執筆。

八月二十日(木) 雨　夏休み中の当直で登校。久し振りに市内バスに乗ったところ、敦岩町から総督府前まで来る間にガソリンの臭いに吐き気を催し、ひと月振りに市内の銭湯で一風呂浴びようとしたが、ひどく汚れを感じた。

山間の清浄な空気でないと頭痛を覚え、渓谷の清水でなければ体を洗うのに汚なさを感じるのだから、私たちも相当田舎っぺになったわけだ。なったのではなく生まれつきの木樵(きこり)だから。

学校に出ると、今し方、宇垣総督(訳註・宇垣一成)が辞職し、南大将(訳註・南次郎)が新任されたとのこと。スペインの内乱は一カ月余になってもまだ終息していないとのこと(以下三行略)。

八月二十一日(金) 曇　岡山県長島にある国立癩療養所の紛擾事件を解決する為に、内務省衛生局の奥村理事官が出張して、礼拝堂に患者代表を集合させ、第三次協議会を開催した。その結果、自治制は許すが職員の排斥は容れないとの回答を受け、事件はだんだん悪化し、患者七百余名は愛生園の歌を高らかに歌いながらデモ行進を敢行した上に、園長まで殴った(大阪毎日十九日付)との報道を見て、我々の小鹿島は平穏であろうかと心配する。

八月二十二日(土) 曇夜雨　宿直室に南京虫の襲撃がひどくて安眠できず。三、四回起きて、大小の南京虫三十余匹を殺した。ただし、四時に起床できたのは、南京虫君のおかげであったので感謝。休暇中の蓬莱山上の曙は、その静かさがあたかも寒寺のようである。博物室で詩篇のところどころを朗読し、讃美歌を声高らかに傍若無人に歌っていると、聖霊の感動がまるで露の如く、雨の如く臨んだ。博物室は私のエルサレムである。原稿の残りを整理して、印刷所に送った後、午後、帰山。

八月二十三日（日）　曇後雨　七夕　処暑。前日種を蒔いた白菜の発芽が不良だったので、今日、雨に降られながら再び種を播く。白菜の農作業が失敗に帰するようでは、心配が絶えない。さつまいも二つを掘り出して試食してみると、味が蜜よりも甘い。地中から掘り出したものでなく、天から降ってきた物のようである。春に植えるときの仕事と、秋に収穫することを併せて思えば、農業は一つ一つが奇跡である。家族みんなと隣家の人たちで連れ立って、養老の滝に水浴びに行く。

八月二十四日（月）　半ば晴　静かに執筆しようとすると、中国人の行商が反物を担いで来て妨害するので憤然と家を出て、渓谷を遡る。山中の渓谷の岩に座ったり横になりながら、あるいは黙想し、または草稿を書いたりして半日を過ごした後、下山して印刷所を往復する。

八月二十五日（火）　雨　近所の老婦女たちが時々我家の農地を見にやって来るが、来る人は皆非常に賛嘆する。自分たちの考えではまだ不充分な点が沢山あるのに、「どうしたらこんな農業ができますかね？　外国人の農業のようですね！」と言いながら開いた口がふさがらないのは、近所の在来式の農業より多少の違ったところもあったが、それよりも前所有者の無知と怠慢によって、土地をしっかり手入れしなかったためのようである。前耕作者の怠けがひどかったので、後継者のわずかな勤勉さと土を愛する情が、洞内の老人たちの注意を引く模様。「土地にも主人があるようだ。今こそ畑も主人に出会ったのだ！」という老婆たちの意見は、あたかもアブラハムにカナンの聖地を約束される主なる神の宣言のように厳粛である。金銭で買うことと司法官庁に登記手続きすることが、土地の主人となることではなく、土を愛し勤勉に汗を流すことがその土、その土地を占有することであることを知る。
今年、自分たちの農業の中ではヘチマの結実が最も優秀で、他の追従を許さないとの論評を耳にする。その種子を分けてもらいたいとの依頼が早くも殺到している。ヘチマ栽培三年目にして念願の一部分を果たしたことになる。

八月二十六日（水） 雨　数日来の降雨で、南川の水かさは激増して渡るのは危険であり、朝から暴風雨で雨具の効果が無いのに、安鎬三先生が雨の中に訪ねて来られた。正恵が恵化公立普通学校一年生に転校が可能であるとの内諾を得て、一刻を争い伝えてあげようとの誠意からであった。雨に濡れたというよりは、水から引き揚げたねずみのようだと言えるほどの安先生の姿を考えると、キリスト教徒たる自分自身を深く恥ずかしく思った。我々は友人の子女のために、こんなにまで赤誠を尽くしたことは一度もなかった。信者と不信者との本質的な差異はどこにあるのかと非常に苦しみ悩んだ。それで恵化公立普通学校と阿峴公立普通学校を訪ねてまわったが、今日は手続きが終わらなかった。印刷所に行って校正。帰途に虹が見られた。

八月二十七日（木） 雨　阿峴公立普通学校一年生に在籍し市内電車三区を通学していた正恵を、恵化公立普通学校への転校手続きを完了して安堵の息をついた。京城府内の公立普通学校に在籍しながら府内の他の公立普通学校に転校することは、それこそ天の星を取るよりもっと難しいことだと体得した。特に貧乏人の場合にそうである。とにかく西部から東部への引っ越しはこれで完結したわけである。
昨日、偶然の機会に、京中老会（教区）と積極団側の幹部級にあたる方から、三・四時間にわたる連続講座として、キリスト教界の現代史を勉強する。我々のように教会政治には門外漢である者には、一言一句が皆新らしい消息であり、とても面白い筈であったが、傾聴するうちに頻りに頭痛を感じた。われらの鈍い頭脳では、京畿老会、ソウル老会、京中老会の分派と、西北地方（訳註・黄海、平安道）のキリスト教徒の専横と、積極団という幽霊のような結社の存在の縦横錯雑の関係等を、解決の糸口を見つけて脳裏に整理することは到底出来ない。我々の冷静な信仰を持っては、どちら側にも加担して力闘する熱意は生まれない。それゆえに聞くだけでも生ずるのは頭痛のみ。講義を聴いた後、「キリスト教会に深く関係したことが無かったことは、神様が我々に下さった最大の祝福である」と深く感謝する。識者の意見によれば、光州で集まる今年度の総会が、朝鮮長老教会五十年史の最終総会になるようだと。

八月二十八日（金）　雨後曇　昨夜は風雨が激しかった。ソウル南大門教会で崔明鶴氏を長老に推選したところ、ソウル老会の拒否にあい無効に帰したという消息に接して、奇異な感を制しえず。崔氏は医学博士であり、セブランス医専の教授であるのみならず、幼い時から長老教会で育ち、聖歌隊員として励んできた。青年会員として、教会諸職員として、彼以上に忠実な教会員を他に知らず、彼以上に温順な聖徒に私は会ったことが無いからである。長老職というものが非常に水準の高い地位である（?）ことを、最近になって知った。また、消息通の伝えるところに依れば、セブランス医学専門学校では、崔博士を免職させたという。その理由は、職員同士の融和を妨げる者であるからだとのこと。また別の理由は、学生の入学許可のために賄賂を受けるのはいけないと言ったからであると。夏季休暇中の免職処分であるが、理由は学生たちの不在中だから下したのだと。その理由は学生や青年たちというのは、事の正否を弁別する第六感が鋭敏だからだと。また曰く、卒業生たちと在学生たちとがつけた崔教授のあだ名が「鉄筋」であるが、これは崔先生の体格が鉄筋コンクリートのように頑健だというだけでなく、学校と教会に対する誠意および精力が、セブランス医学専門学校を両肩で担って立つ柱石であり、「筋骨」だという意味だそうである。我々は崔博士の為に悲しむよりは、崔先生に長老職を拒んだ長老教会が嘆かわしく、崔教授を休暇中に免職させたセブランス医学専門学校の将来の為に心配を禁じえない。今日も印刷所で校正。『東亜日報』が停刊させられたと、ひそかに話している。久し振りに名月を見た。某氏の家庭問題の為に忠告の労をとる。難しい役目であるが、しかし、時には当たらざるを得ない役目である。意外に反応が良好だったようで、主に感謝してやまず。

八月二十九日（土）　小雨後晴　午前中に蔵を造る木材を購入した。九月号校了。午後に暫く水浴び。

八月三十日（日）　晴後雨　午前中に来客二人。今夏の休暇中の最後の水浴びに、母上を連れて養老滝に行った。ただし、今日は全家族と村の二、三の家庭がいっしょに行ったが、俄か雨が降り、老若皆がぬれ鼠になって下山する。

八月三十一日（月）　半ば晴　午前中に出来上がる予定であった九月号が、今日もできないというので焦りを制しきれない。

　某会議に出席して終始一貫沈黙を守った。無言の行はやり難いことはやり難いが、やってしまえば爽快であり全身が軽くなる。一時の熱情をこらえ切れずによどみなく数百ないし数千言を吐き出しても、結局は空中を打つ空虚感を重ねるだけであり、悲哀の杯を飲みほしたことも再度ならず。それでも事に当たっては、言うべきを言わずしてこらえるのは本当に困難なこと。しかし、天下の責任が全て自分だけにあるのでもないのだから、精力の節約から見ても、虚しい事にはできるだけ横から口出しをしないことにする。

帰宅してじゃがいもの一部を掘って見ると、一株ごとに数十個ずつ鈴なりにつながっている光景は、それこそ造物主なる神を讃美するに充分なものだった。これで夏休み四十日がすべて過ぎ去った。四十日間の無為な生活は四十年の無為な人生であり、一生涯の失敗である。計画や望みの大きかった夏休み四十日は、最少の収穫で過ぎてしまった。

九月

九月一日（火）　晴夜雨　私の誕生から一万二千九百二十一日目、我が家の最も幼い児の第一千日である。「お母さん私を見て叱らないで。上着の紐がとれたのがそんなに悪いですか。こう見えても近所では強いとて餓鬼大将、餓鬼大将と呼んでくれます」という歌を声高らかに唱って遊び、貞陵の路地に喜びがあふれる。

登校して新学期の始業式。受け持ちの組の生徒五十四人は皆健康な顔で出席した。喜ばしい気持ちを制し難い。約一時間は生徒たちの休み中の感想を聞き、約二時間はこれに対する批評と私の感想と新学期の計画などを披露する。「始めよければ、終わりよし」と始業の最初の日にクラス全員の出席を強制して、渾身の精力をもって全学期の学業の大綱を立てるのが、自分に許し与えられた教育労作の唯一の領域である。出欠だけ点検して何もせず帰宅させるので欠席する生徒が多い始業式の日に、その学期の訓育の半分を実施しようとすることが、情愛のこもった私の生徒への期待である。天下の教育事業を論ずることなく、全校六百人の生徒を心配することなく、ただ受け持ちの組五十余人にだけ関心をもとうとするのが、狭き道を歩む教師の奥ゆかしい祈願。午前の仕事を終えた時には既に心身の疲れが少なくなかった。

正午から鮮光印刷に行って九月号の発送。丁度この時、嶺南地方から公務のため在京中であった某株式会社の支配人が、甚だ多忙な中に寸時をさいて約一時間の発送事務を助けてくれ、慰めと励ましになること少なからず。公務の時間を盗んで訪ねて来たのだと聞く時、自分の顔も赤らんだ。時間を盗むことはお互いに同じであるから。

帰宅後、補土峴を越えて旧基里に柳永模先生を訪ねた。連日報道される南鮮(ママ)の水害の「数字」が我々に切実感を与えてくれない痛恨と、完全に食物をかみくだくことと、自然療法の効験など有益な話を聞きながら、雑穀蔬菜主義の夕食の卓につき、粟飯の味が我が家のとうもろこし御飯の味にも劣らないのを学んで、あわただしく帰路につく。月夜に北漢山麓の渓谷をさかのぼり補土峴に至ると、秋空に満ち満ちた月光、星の光と黙々とそびえる北漢山の崇厳さ、秋の虫どもが奏でる交響楽に眠りに入った渓谷の神秘さ。尖塔の高くそびえる教会堂を持つことなく、「パイプオルガン」の雅(みやび)な音楽をもたない無教会信者には、こんな所が最も厳粛な礼拝堂である。ひざまずき祈りをささげて宇宙を振動させる大地の交響曲に合わせ、傍若無人の体(てい)で讃美歌を歌いながら下山。洞内の夜学校設立に関する会議にしばらく出席する。大変興味のある一日の生活であった。

九月二日（水）　雨　昨夜から豪雨が始まる。秋になっても止まない長雨に、やむを得ず傘三つを買う。今夜から夜学を始めた。二、三の夫人たちの熱意により、村内の貧しい少女たちを集めて文盲退治を始めたのに刺戟されて、田園生活に憧れて村に引っ越してきた友達五、六人が集まり、各々分担授業で、男性の文盲退治にあたった。この事業が完遂するまで、事が成るために当分の間協力することにする。

九月三日（木）　雨　水害で、死亡者二千余、行方不明者数千名という数字の報道に接しても、あたかも年中行事の進行に過ぎないような鈍感さに自ら苦

しむ。時に東海岸から救命の葉書一枚、

この処の小生は心配してくださったおかげで、命だけは救われたものの、僅かな家財全部を流失いたしました。暴風雨の為に海水が河川に遡流（そりゅう）し、さらに水害がひどかったため、東海岸は全滅です。云々

こんな場合の葉書一枚は、非常に嬉しい消息である。移転後、数ヶ月が過ぎても、転居届一枚も送らない読者が在るのは、いくら大目に見ても誠実な行為とは見られない。誌代として「金塊」をくれると言っても、お互いに「思い慕う愛情」とは比べられない。今夜、村内の夜学第一回授業を始める。一般的な勧学の訓話の後「カギャコギョ」（訳註・日本語の〝あいうえお〟に当る）と「一、二、三、四」を教えていると、文盲退治の業が決してやさしい事ではないことがわかる。

九月四日（金） 曇夜雨　『聖書朝鮮』誌の印刷は他の雑誌類の印刷に比べて二倍も困難であるという話は、これまでも方々の印刷所でしばしば聞かされたが、それは職人たちの常習的にする話にすぎないとばかり考えていたのに、今度、鮮光印刷所でその詳細な説明と実際の工程を目撃してみて、本当に事実であることがわかった。九月号の十五、六頁は、普通より二倍の工程を要し、「聖朝通信」以下の六号活字六頁に一万千八百字を載せたから、これもやはり文選、植字校正に二、三倍の労力を要し、『聖書朝鮮』誌二十四頁は他の雑誌四十余頁の工賃を要するという。印刷所に対して済まなくてならない。

父兄の中から孫基禎君の世界マラソン制覇を祝う意味で、欝陵島産白檀製のタバコ盆一個を送ってくれた。その趣旨も美しく香りも賞すべきだが、タバコ盆は我が家に置く所がなく、この好意の処理に腐心中。

九月五日（土） 雨　担任クラスの生徒を引率して、

九月の下旬に満州修学旅行に行くことが決定した。『東亜日報』の次に、こんどは『中央日報』が休刊になったとヒソヒソ話。最近の天気のように、社会相も陰うつを免れず。某氏から、「私の無教会」という文章に対しての批判の便りが来た。しかし、この文章は元来、誰々の為に書いたものでなく、一般的に我々の立場を知らせるために書いたものであるから、私的質問には応じないことにする。

九月六日（日）　雨　雨が降る合間に、河川の堤防修理と、便所を汲み取って大根畑に施肥する仕事をする。ヘチマの水栽培法を載せた新聞のスクラップを送ってくれた人があって有り難かった。農作業に関することならば、ヘチマ栽培以外の件でも教示を願いたい。

九月七日（月）　雨　久しく待っていた小鹿島の友人が来訪して、島内の一般情勢と教会の由来と、誌友たちの近況等を、あたかも目の前に見るように語ってくれて、感謝この上なし。ただ、生活物資の配給問題も心配であるが、特に島内で結婚問題が発生して以来、信徒の間に賛否の意見が対立しているようであり、信者と不信者との結婚によって、教会の責務と規則の間で苦悶する兄弟も少なくないようである。信仰を同じくする者同志が結婚するのは勿論望ましいことである。しかし、「信者」という標準をどこに置くか？　教師あるいは長老の家庭で生まれて、幼児洗礼を受け、学習をし洗礼を受けて、教会の生命録に登載された者だけを「信者」とみなすとすれば恐るべき事であり、おかしいことである。多くの信徒を統制するには多少の規約があるのはやむを得ないけれども、こんな法規を以って、お互いに苦しめあってはいけないと思う。況（いわん）や一般社会とは異なる小鹿島で、どうしてその霊魂まで束縛しえようか。

九月八日（火）　曇小雨　授業の後、早目に家に帰り、母上を連れて白鷺節の水浴びの為に、養老の滝を往復する。

九月九日（水）　晴後雨　劣等生で名高い不良の生徒で、養正高等普通学校第一学年のときに落第して退学して行った韓某君から、また時候の挨拶の葉書が来た。三年余りの期間、彼の根気と誠意に感歎してやまず。子供の時にいたずらが甚だしく成績が劣った者が、必ずしも悪い子ではない事を深く感じる。人物の評価はいろいろな要素を考慮すべきである。今夜宿直のため、蓬萊山で泊まる。

九月十日（木）　曇　紙上に「宗教家に呼応、軍部が仏教事業を助成。広義国防の見地から一肌。有力者を招いて座談会（日本文）」と報道。仏教はこのようにして盛んになって行く。

夏休み中に自分で建てようとした倉庫が長雨のために建てられず、昨日から朴大工に頼んで材木を加工手入れ中。イエスの生業が大工とは、とても興味深く思われる。夜は洞内の夜学授業の担当に当たっていて、牛、子牛などの文字を教えた。

九月十一日（金）　晴　最近、ソウル市内で警察官の交通取り締まりがあまりにも厳しく、某署では二日間に二千余件の法規違反者を摘発したとの報道があったが、自転車で毎日都市の中心部を通り過ぎながら、めったに摘発されなかったのはきわめて幸運である。ただ、自転車専用道路を開設する必要は絶大であった。久し振りに、星が良く見える天を仰ぎながら川で沐浴。

九月十二日（土）　曇　信仰に入った時から、開拓者の苦労を背負っている某君来訪。実際問題に関して答える。教会の言う客観的キリスト教とは、我々の意見とは異なる事を注意する。白菜と大根の畑の除草と除虫のため全身が汗でびしょぬれになった後、清らかな川でひと浴びしたら、その爽快さは比べようも無い。

九月十三日（日）　雨　復活社の講堂で新秋の集会を再び開く。午後二時から学生たちに英文聖書、同三十分から「救世主待望の欲求」という題で今秋の講話の序論を述べた。閉会後、「私の無教会」に関する質疑に関して答弁する。

五山学校からの便り一枚。

「聖書朝鮮社」が燦然（さんぜん）たる光を発揮して、我々を生かす最も有力な機関であるのを前からよく知っているだけでなく、直接、間接に受けた影響は実に大きなものと信じます。それ故に、余り無関心に過ごすことができず、拙筆ながら、我が「聖書朝鮮社」で苦心される主筆以下諸先生方に感謝の意を表する次第です。これで満足できない我が「聖書朝鮮社」は、日が経つほどに一層光を顕わすことを祈ります。この何も知らない愚か者は『聖書朝鮮』誌を直接入手できませんが、咸錫憲先生から借りて毎月読むようになり、私の小さな中学生活ではありますが、徐々に意味あるものだと考えられます。もちろん我が母校は三十年という長久な歴史をもっているだけに、実質的に見て我が社会においてなくてはならない教育機関であることを再言する必要もないのですが、なお人格の高潔であられる咸先生から直接教えを受ける私は真に幸福であります。このように申し上げるのは、わが母校が理想的な学校であり、または、私の先生は人格者だということを言おうとするのではなく、我が社会が腐敗しているから、私たちの生活も腐敗して取るに足らないものですが、私たちはその中ででも生きる力を充分に得られるということを申し上げるのです。これは我が「聖書朝鮮社」で仕事をされる諸先生の熱誠の賜物と信じます。願はくは今後も機会がありましたら、通信を通してでも連絡を取り、腐敗する教会の

困難の中から、私の目標と理想を達成しようと思います。云々

自分を産んだ父母の偉大なるを知り、自分が仰ぐ先生の高潔なるを認識し、自分が学んでいる学校の尊貴なるを悟った者は幸なる人であるかな。

九月十四日（月） 晴後曇　午後の授業を終えた後帰宅して、大工と人夫達といっしょに蔵を二間建てた。大工になったら神経衰弱にかかる憂いは絶対ないだろう。

九月十五日（火） 曇　登校途中に自転車で転んで手のひら、肘、膝の三箇所を怪我したが、今になって自転車乗りとしての洗礼を受けたわけだ。

某新聞記者の懇請に勝てずに投稿することを承諾してしまったが、後で考えてみると不可能なことを約束したことが明らかになり苦悩する。

随分前から転入学を依頼されていた父兄に、どうしても不可能であるとの最後的な知らせを伝えた時、その失望した顔はとても見られない情況であった。我々も最近公立普通学校の児童の転校で苦しみ疲れた経験が生々しい立場なので、父兄の心情に同情せざるを得なかったが、実情はやむを得なかった。北漢山の上空に小熊座、大熊座、カシオペア座などが燦然ときらめく夜！

九月十六日（水） 晴後雨　早朝に気温が十二度八分まで下がった。朝の様子から一日中晴だろうと思ったが、正午、にわか雨が降り、夕方曇り、夜は雷雨。一日の天気の変化が世界政局の突然変化を彷彿させる。天気博士が今日も誤った予報を発表したことに同情を制しえず。

九月十七日（木） 雨　誌友某君の商用帳簿その他の印刷物など注文の取次ぎを依頼され、数箇所の印刷所を何度も交渉して見たが、自分のことのように簡単に処理できずに苦心すること一再ならず。これほど困難なことと知っていたら初めに断るべきだっ

たものをと後悔したが、一旦受諾したからには結末をつけねばならず、金額は安く品物は良くてデザインは優秀にして意にかなうようにしなければならず、不足代金は私が融通し先払いしなければならない。僻地の友人の便宜を図るのは当然なのだが、自分が引受けたことは既に両肩に一杯の仕事を抱えており……。帰宅して見ると、農業に従事する友人がぶどう一箱を持って来てくれて恐縮また恐縮。夜は夜学校で「五ひく一は四」、「豚がいる」（訳註・算数と国語の科目にあたる）などの授業する。

九月十八日（金） 快晴後暫雨　今日も一日中の快晴は享受できなかった。自転車の先輩である某氏の忠告により、乗車の時には眼鏡をかけることにしたが、なぜか不要の物を身につけたようで甚だ不快である。かけてからもう一ヶ月余になったが、今もぎこちなくて、下車するとすぐはずすことにする。

九月十九日（土） 快晴　新秋の星がひときわ輝いている。

九月二十日（日） 快晴　午前中来客数組。午後に復活社講堂で、マルコ福音書第九章十四―二十九節を学ぶ。終わって、教会革新問題に関する問答があった。帰宅すると「投票急来」という督促電報が待っていて、決まっていた心を翻（ひるがえ）して阿峴公立普通学校の京城府会議員選挙の投票場に行ったが、遅刻して投票できなかった。同情とか、妥協とか、円満とか言う美名に動き易い我が心を後悔しながら、小鹿島の便りにかろうじて励まされる。

九月二十一日（月） 曇後晴　蔵の工事が遅れて進まず。学校と印刷所往復で非常に忙しい一日であった。初めて自転車に乗った時には、鍾路通の路上の万物が皆動くようで、それらの隙を通り過ぎていたが、今は急速度に動く物の他は大概静物に見えて、私の車だけが動いていて、私の運転術も多少進歩があったようである。あらゆるものが皆静物に見えるようになるには、やさしいことでないようである。学校までの時間が一時間、五十分、四十分と、だんだん短縮。今は三十五分がレコード。自転車乗りも面白い。

九月二十二日（火）　晴　洞内の道路修理の賦役を課される。じゃがいもの収穫を終わってみると、春に植えた種子に比べて驚くほどの実りである。三十倍、六十倍、百倍の祝福とはこんなものかと思いながら神の奇跡を仰ぎ見る。旱害と長雨のひどかった今年の農作業に多少の労力をかけなかったわけではないが、結局において見ると労力をかけてできたのではなく、天からただで落ちてきたもののようだ。ただし、じゃがいもの貯蔵法を知らなくて二、三石（訳註・一石は十斗、一八〇立方センチ）になるじゃがいもを安心して置けない。

九月二十三日（水）　晴　秋分。終日在宅。日向ぼっこをしながら校正と執筆。暇を見ては大工の仕事を手伝いながら、白菜畑に施肥もしたが、これは本職ではない。秋の涼しさが深くなるにつれて、正南向の家の効果が現れる。最近、ソウル市内の若い女性達の髪がきわめて短くなったのを見て、今年の夏に腸チフスや熱病が流行ったせいかと思ったが、わざと髪を短く切るのが流行であるという。また我が家の女学生達が、袴の襞をアイロンして着るようにと、アイロンを買ってやろうと思っていたが、袴の線をアイロン掛けする流行が終わったのは、もう三年も前だという。我らの時代遅れは大概かくの如し。

九月二十四日（木）　半晴　登校して授業の後、印刷所に行って校正。鮮光印刷所の事務室移転の為、事務が複雑となる。夜には、村内の夜学で、「昇った、昇った、日が昇った」と「トリゴヤノ　ナカニ　スバコガ　アリマス」等を授業する。徽慶里の朴泰鉉君の精米所で糠を一馬車分購入する。彼の精米所は最新式機械を設備したソウルで一流の大精米所であるだけでなく、誠実、正直な点でもこの上なしの所である。養正高等普通学校の卒業生の中に、このような精米所一つを経営する人がいることは大変素晴しい。

九月二十五日（金）　曇　午前十時ごろまで印刷所で校正。その後、登校して四時間は授業。再び印刷所に行って校正。残った分は家に持ち帰る。夜の十二時まで校正。満州旅行の出発までに発送する為、競争馬に鞭を加えるごとき労力。

九月二十六日（土）　曇後雨　左官に土方仕事を指示して登校途中、印刷所に寄って校正。出版許可願提出の為に警務局図書課を往復。登校し、授業。満州旅行班に訓話及び注意をする。三越呉服店内の旅行案内所に立ち寄り、百一人分の団体旅行券購入。金千三百五十六円二十銭也。また印刷所に立ち寄り、暗くなるまで校正。残ったものは家に持ち帰り、午前二時まで校正。未だ残っている仕事は、博物科及び地理科の教授案要旨書の作成と、明日の日曜集会の準備と、十月号の発送用宛名書き、面事務所に収入報告書提出の件などである。約十日間の旅行に出発するにも、全てを終えて行くのにはこんなに沢山の仕事がある。況やこの世を去る日においてをやと、夕べの食卓で独り言。

九月二十七日（日）　雨後晴　旅行出発の前日だ。なんとしても十月号を発送して出発しなければ、期日より十余日が遅れることになるから、五時に起きて校正。工場始業時間の前に印刷所に着く。活字を選び、又、組版を助けながら、走る馬に鞭を加えるが如く励ましておき、午後二時から四時までは、復活社講堂でマルコ福音書第九章三十節以下の講解。再び印刷所に行って、表紙から機械に載せ、次に二十四頁分を一度に印刷する。『聖書朝鮮』誌とその他私が紹介した印刷物まで、機械四台に掛けて並行作業。その間一度帰宅して、読者氏名を封筒に記入する。夜八時半に、封筒に名前を書いたものを持って再び印刷所行。鮮光印刷所は非常時総動員ということで、機械課は九時まで、製本課は十時過ぎまでやっていた。満州行の印刷物は全部荷造りまで終った。『聖書朝鮮』誌は夜十二時を過ぎても全部製本を終えてくれると言ってくれたが、朱社長自身が親しく陣頭に立って製本するその責任感に心打たれて、一部の製本された分で今夜の作業を中止してくださいと、私のほうから懇に頼んだ。そして職工諸氏の助力を得て、一瞬のうちに急ぎの発送作業を終える。ただし、今度の発送で一番不完全な封筒の包みは朱社長のものだという話が出て、一同爆笑。とにかく、鮮光印刷所に出入りする者が一番多く聞いた話は、「能率」と「信用」である。料金を安くする秘訣は、作業の能率を高度に上げることにある。又約束した期日を確かに守るためには、算盤の採算を省みないことである。こんな印刷所が一つだけでもあってほしいと願っていた過去の十年間を回顧しながら、今夜の工場の光景を目にするとき、私の胸には感激の熱い涙が流れるのを禁じることが出来なかった。朱社長と職工諸氏に真心から謝意を表して、未発送の『聖書朝鮮』百余冊を自転車に載せて帰山すると十一時。家族の助力で、十二時まで発送事務。もっと作業を進めれば、出発の前に仕事を終えることが出来るが、連日の過労のため母上のお叱りが厳しいので、息子の身ゆえ致し方なく消灯。隣の家の飛行士が、その母親の存命中は飛行機に乗らないということを併せて想いながら、やむなく床に就く。果たしえなかった責任は、主イエス様に任せて。畢竟、この世を去る終わりの日にも、主に任せる責任が多そうで畏れ多い。

九月二十八日（月）　快晴　満州方面に修学旅行出発の日である。快晴の天気に安心しながら、午前八時半に京城駅に集合。多数の父兄に見送られながら、九時発の汽車で仁川に向う。税関でカメラと望遠鏡などの検査を受けた後、共同丸第三十六号に乗船する。一行百一名は四つの部屋に分かれる。閘門(こうもん)式の仁川港を出発する時にパナマ運河通過の理まで分かり、芝罘(しふう)に向って黄海の中央に来た時にも、四方に見えるのは空と海とが連続したものの外にはないので、太平洋のただ中に出ても、これよりも大きい自然を視野に入れることはできないことを互いに自慢した。

　海の真ん中で海上に太陽の没する光景を完全に眺望したことも快(こころよ)き事。月は既に東天にさし昇った。天気は甚だ平穏であり、黄海を航海するのは湖沼で船遊びするようであったが、もともと船酔いする習慣があるのを恐れて、午後は昼寝して夜早く眠ると、最近一週間の疲れが一遍に回復するようである。

九月二十九日（火）　快晴　五時に起床したところ、威海衛の方に灯台の光と遠くに山並みが見える。しばらくして、船尾の方から円い太陽が海を突き破って昇って来る光景も雄々(おお)しい。威海衛港内にはイギリスの軍艦が多く見える。約一時間半過ぎて、再び錨を上げて芝罘へ向う。その間に、共同丸の幹部から航海に関することと、共同丸の構造に関する講話及び案内があって有益な学習をした。

　午後二時ごろ芝罘に入港する。ここはアメリカの軍艦の演習根拠地といい、二十隻近い大小の軍艦は港の内外に碇泊中である。日本の軍艦は駆逐艦荻一隻が居留民保護のために入港中。芝罘上陸の禁止令を受けた我々一行は、碇泊中の時間を利用して荻見学に往復し、説明と案内は甚だ親切であった。夜七時過ぎに大連へ向って出帆。金星は西の空に、木星は南の空に輝くが、仲秋の明月が船窓を照らし、我々の旅の情趣を一層高める。日没の光景もやはり壮観。

九月三十日（水）　快晴　船は夜中二時ごろ大連湾にはいったが、夜間の入港を許さないということで日の出を待つ。幸いにも海上で日の出をもう一度眺めて、甲板上で一行百一人集合、朝礼後訓話をする。二日間の航海は至極平穏であったために、自分たちのように船に弱い者も、去る二十八日乗船した日の昼食から今朝の朝食まで陸上と変りなく食べたが、生徒の中に一、二人は吐きもどして検疫官に注意されて上陸。ビューローの親切な案内で資料館、埠頭、露天市場など、星が浦を回遊。帰途、大連第二中学校に立ち寄ってバスケットボールの試合をする。接戦に接戦、前半は二十対二十一で一点負けて後半は優勢となり結局四十五対四十一で辛勝する。東旅館に投宿する。夜九時頃に生徒たちに訓話し、旅行の道徳を主に教える。一日中非常に暑い。

十月

十月一日（木） 快晴　午前七時に旅館を出発して旅順に向う。鉄道沿線に見える農作物は北朝鮮地方の光景に似ているのと、農家の構造が建築上都合のよいように見えることなどが興味を引く。旅順港を封鎖した時の日露海戦と鶏冠山の塹壕戦の説明を聞く時は高鳴る胸を抑えるすべもなく、人知れず流す涙の底流は渇きをいやしても余りあり。天国のために、霊のために、アガペの戦いをあんなに雄々しく戦うならば、かなわない敵などどこにあろうか。毎日遊びのような生活を悔恨また悔恨。英雄烈士を説明する案内者までも忠臣のように見え、豪傑のように見える。それもそのはずだ。時間が足りなくて二〇三高地に登って展望できず、咸錫憲兄の「朝鮮歴史」に述べられていることに対して熱心でないようで非常に申し訳ない。ただし、長期の企画が瞬間に突然変ることの一例であった。

関東州の施政三十周年記念で、旅順市街はごった返している。博物館で高句麗の好太王（永楽大王）の碑文を見て、不肖の子孫となり恐れ入らざるを得なかった。午後四時半、旅順を発ち大連に向う。車窓から見える満州人農家に、二種の国旗が飾られているのも見るべきものがある。日章旗は右側に満州国旗は左側に立てられた。大連と旅順を大体見たので奉天に向って発つところだったが、沿線の景色を観賞するために、夜行列車に乗らずに大連に泊る。

十月二日（金） 大連は晴　奉天は雨。昨夜、外出禁止令を犯して外出した生徒がいて、夜十一時半から今朝五時まで宿直をした。甲乙両組の生徒九十八人（旅行参加者だけ）の中から犯行者十四人。ただし、私の受け持ちの組である甲組の生徒は一人もこれに参加しなかったので、いろいろ考えさせられた。第一に、偶然の僥幸を感謝する。一行中に何ら事故が無かったのならそれに越したことはなかったが、不祥事の中で自分の直接責任を負う受け持ちの組の生徒が含まれていなかったことは不幸中の幸いであり、それは甲乙組の生徒が本質的に大きな差があるからではなく、もともと五十歩百歩の連中であるのだが、今度だけは幸いにも禍いを避けたから感謝。

第二に、教師の言葉に服従してくれる生徒たちが頼もしくて感謝したこと。満州方面への修学旅行は、生徒たちの心に悪影響を与える機会になると警告されてから後、時には道理で説諭し、時には威圧を加えてしばしば小言を言った。教師の期待以上に、忠実に並んで眠りについた自分の生徒の数が定員とぴったり合ったのを検査し終わった時、教師の目頭は熱くなった。

彼らは選りに選ってひどく厳しい受け持ちの教師に当たって、十時に寝ろと言えば寝るものとばかり思いこんでいる。かわいそうでもあるが、殊勝でもあり有り難くもある私の生徒たちよ、平素生徒に厳しく接しているので、キリストの審判台の前に立つ日、私はどれ程厳しい審判を受けるだろうかと考えると身震いがする。

第三に、祈りの応答に感激した。祈りの効験の有無を科学的に論ずるならば、ただ物笑いの種になるだけだろうが、祈る者が祈りの効験を目撃した時には、ただ感恩の涙にむせぶだけである。貧しい祈りに対して過分な応答を経験することで、我々の信仰生活は続くのである。仁川、大連間の水路を選んだことと、心身上の誘惑が多いとの警告を聞いた後に特別に祈った。ある時は学校で、あるいは書斎で、貞陵里の路地で、そして船首で、自分の受け持った生徒たちの肉体と霊魂のために真実に祈り求めた。科学知識を誇る輩が嘲笑しようとしまいと、私は我が主なる神の寛大な恩寵と真心が、不完全で微々たること虫けらのような者の祈りにまで耳を傾けられる恩寵に感激してやまなかった。

第四に、少数に関心をもつ習慣をそのまま固執しようとさらに決心した。養正高等普通学校に六百人の生徒がいるが、私の関心は四年生であり、その中でも四年甲組は最大の関心事である。学校全体と半島教育界のために祈り求めることも無くはなかったが、それは全体的に、ひとかたまりとして取扱うのであり、私の受け持ちの生徒に至れば、その一人一人を名指しで祈るようになる。そして、どうか一学級の生徒の定員が教育学説に合致するように三十人以内になれば、もう少し余計に真心を尽くすこともできようが、現在の六十人近い一学級は教師の力ではもて余ます。

我々が全朝鮮、全東洋または全世界の人類のために関心をもって祈り求めることは無くはないが、これもやはり一括り（ひとくくり）に取扱うことであり、少数である本誌読者のことに及ぶ時、やっと個別的に名指して祈るようになる。極めて融通のきかない狭い考えのようであるが、我々の現状が事実このようであるので、今後も力を尽してこの狭い道を歩きたいのである。

天下の教育事業に嘆息しないで、ひたすら受け持ちの組の生徒を全校の模範になるように育てるべく力を尽すのが、平教師としての最大の競争事業であり（実際我々は競争心をもってこのことに当たる）、老会と総会と年会などの論争に口出しすることなく、少数の読者に霊の糧を豊かに供給して、堅実な平信徒の実生活に助力することが、『聖書朝鮮』誌主筆としての最小最大の関心事である。

失敗地である大連を後にし、奉天へ向って午前十時に出発。金州城外を過ぎる時は、

山川草木うたた荒涼
十里風腥し新戦場
征馬進まず人語らず
金州城外斜陽に立つ

と吟ずる生徒たちの声が聞こえる。金州地峡以南の遼東半島は、要塞を築造しなくても半島全体が天成の堅塁である。満蒙の大平原を守備するためにカンブリア紀以前から、この小半島を造って置かれた方の意思、巨人の手の平ほどのこの半島を占有する者が、遼河と黒竜江流域の果てしなき大陸の主人になるように配置されたその意匠の巧妙さに驚く。

塩田などを眺めながら北進し、渤海の要地であった熊岳城が近くに見える時には、沿道に水稲の栽培も見えるが、これもやはり同胞の仕事場である。駅の北側に望小山が見えると言って、普通学校の教科書で習った母親の情愛と真心に感激する多くの生徒たちの顔が目につく。

娘娘祭で有名な迷鎮山を名所といって貼ってある大石橋駅を過ぎてから、山岳は次第に東側に遠ざかり、大海のような遼河流域の沖積平野が展開する。粟、大豆、高粱（コウリャン）、陸稲（おかぼ）などの畑作の穀物の多い（水稲は少ない）光景は、北朝鮮を旅行する感じと変らず、秋の収穫をして運搬する方法と農家の分布とか住民の顔付きまで、外国の異なった民という考えがさほ

ど起こらないのも殊勝である。農作の情況は大豊作のように見える。

四百キロの鉄道に「トンネル」を一つも通らずに、夕方七時過ぎに奉天市（訳註・現在の瀋陽市）に到着すると、その時ちょうど防空演習中で全市は真っ暗で、やっと旅館までたどり着いて荷物を下ろす。夕食後、受け持ちの組の生徒に約二時間話をする。部屋は上下に別れていて、不便な方を甲組の生徒に割り当てて忍耐することを説諭したところ、快よく従って無事平穏なことも奇特なことであった。

十月三日（土）　晴　撫順炭鉱を見学する。坑内掘りと露天掘りが共に規模の大きいのに驚いたが、それよりも、炭層の上部を覆った油母頁岩（ゆぼけつがん）の製油と残り滓（かす）で動力を発する知力、緑頁岩で「セメント」と石けんを製造するなど、廃物利用は興味深く思える。石炭を発掘するにつれ、炭層上の市街が全体に傾斜陥落する光景も、炭都でなくては見られない景色であった。市外に高句麗の城址が残っていると言うが、汽車の時間のために割愛して奉天に戻った。平原から太陽は昇り、平原に太陽が没する風景も愉快である。夕陽に奉天城内をちらりと見る。京城の蓬莱町よりも荷馬車の交通はさらに混雑していて、塵埃（ちりほこ）りがさらに多い都市が世の中に存在するのを発見したのが一つの慰め。

十月四日（日）　晴　奉天市内を見学。同善堂の玄関に為善不倦（訳註・善をなして倦（う）まず）と書きとめた「倦」の字の意義を改めて感じた。誨人不倦（訳註・人を教えて倦まず）と同じく、善を躬行（きゅうこう）することなくしては分らない倦の字である。自ら教師の仕事をすることなくしては分り得ない倦の字である。日曜日であるので堂長に会えなかったのは遺憾千万である。こんなに聖にして内密であるべき場所が、我々のような旅人に一つの観光施設として公開されているのは全く遺憾である。

市外北陵への道で、東北大学が池田部隊という看板を掲げている兵営になったのを見て、また、張学良の別荘に四重の鉄条網を張りめぐらし、高圧線を配置したという廃墟を目撃して、北陵で昼食をとる。ここまで来て初めて清浄な空気を呼吸することができる。大学と別荘と陵墓が皆この世ゆえの浮沈を伝える中で、朝鮮人農民の手で開拓された稲作が黄色く熟れている様（さま）は、過去の歴史をささやくようであり、また未来の運命を約束するようでもあった。

帰途、奉天城内の吉順糸房の屋上に上がり、双眼鏡で四囲を眺め回したが、遮（さえぎ）るものがない。広さも広いが、今年は格別に豊作のようである。咸錫憲兄の「朝鮮歴史」を考えながら、人家の密集する城市と果てしなく広い満州の野を眺めると、やはり王者の野望が発動されざるを得ない。こんな土地ではとうてい『聖書朝鮮』誌編集みたいなことを十年間坐り続けておれそうもなく、ソウルが慕わしくなる。

満州医大予科に立寄ってバスケットボールの試合をしたが戦運なく敗れ、夕飯を食べた後、十一時の汽車で奉天を発つ。

十月五日（月）　晴　秋の収穫期に当たって匪賊が跳梁するので、豊年にはなったが収穫ができないし、汽車の襲撃も頻繁だと、武装した警察官と兵士が昨夜から車内に搭乗した。我々は団体ということで列車の前方から、第一、第二の二輛の客車に収容され、転覆する時は機関車と運命を共にする立場である。よって機関車の次の車輛の一番前に席を決めて、一行の平安を祈願しながらうたた寝をした。眠りからさめると高麗門、五竜背などの地を汽車が走り、付近に稲作の豊かなのが見え、峰上に日の出を見たので、まず危険地帯を無事通過したことを感謝。

午前七時に安東で下車。開閉を中止した鴨緑江鉄橋を眺めながら、製材所での木くず利用の知恵に感嘆して、鎮江山旧市街一巡などで時間の不足を嘆きながら乗車。厳密な税関検査も初体験である。但し、砂糖数斤とロシア飴以外には何も買った物は無いので無事通関。途中で咸錫憲兄が汽車に乗ってきてしばらく話し合い、古邑駅頭で二、三の誌友に会えたのには恐縮でならなかった。夜十時半に平壌で下車して一泊。

十月六日（火）　晴　大同門、練光亭、麒麟窟、浮碧楼、牧丹台を周遊しながら、永明寺境内のキリスト教徒迫害碑文をよく見れなかったことを後悔。人口十万未満時代の平壌には牧丹台の松林でもよかったが、今後の平壌の人たちは霊魂の休息と清浄のための地域を他に発見すれば、大阪（編註・当時の平壌は朝鮮の第二の都市、大阪は日本の第二の都市で木が少ないことで有名であったようだ）の人より異なる森林を保持できるであろう。塵ほこりの乙密台は扁額のほかに見るべきものは無く、急いで下山し、平壌冷麺に平壌の味を求めて見たが、これもやはり昔の味ではない。平壌高等普通学校に寄ってバスケットボールの試合で友誼を交換した後、汽車の時間を待って南へ向う。

十月七日（水）　晴　早朝五時前なのに開城駅頭に柳達永君が迎えてくれて、この日の喜びが始まる。車窓に映る黄熟した平野に神の恩寵を感謝しながら、京畿平野を走って午前七時半に京城駅に帰り着く。多くの父兄に元気な生徒を渡してしまうと、両肩が一時に軽くなった。

終わりに一言。百人の人員が一団となって旅行しようとすれば、最も問題となるのは飲食物であった。塩辛い、薄味だ。御飯がかたい、やわらかだ。不潔だ、少ない、熱い、冷たい等など。このことに関しても不平のある組は平素の習慣が問題で、私自身については、平素の生活水準が高くなかったためにそうなのか、生徒たちの食べるもので教師が食べられないものが無いばかりか、出されるままにおいしく食べられて、質素な生活者である自分を発見して天恩に感謝した。

我々の風習に「御飯を召し上がりましたか」と挨拶することは、他国と比べて低劣な挨拶法と思い内心不快な点が無くはなかったが、今度我々の挨拶法の意義を悟った。日用の糧を各自の力で食べるのではなく、神の祝福として受けるのであり、飲食をおいしく頂き、また、頂けないのもやはり神の恩寵に関することであるために、「御飯を召し上がりましたか」という挨拶が単に腹を満たしたかということでなく、神の恩寵の中にいるかを伺う意味であることを悟った。

もう一つ、我々が習慣的に無事ですか、平安ですかと言う時は、「無事」と「平安」の意義を感じ得なかったし、むしろ無事、平安を問う心理に一種の反発さえ感じたが、今回の養正高等普通学校としては前例の無い船旅を決定し、船中では真心から百余人一行の平安を祈ったし、大連に上陸する時は「無事」の意味と感謝を生まれて初めて十二分に感じた。その後、守備兵たちの搭乗した列車さえも無事に通過して見ると、金玉よりも貴重な人様の子弟百余人を引率して無事に修学旅行を終える事は、十年も命を縮めるほどの難事業であることを悟った。「無事」と「平安」の意味を痛切に感じた。

満州を見て感じた事は以上の事だけではない。最も伝えたい言葉は、ここに記録したところで読者に読みとれない。今度の冬期聖書集会に満州から参加しようとする誌友があるので、その時を待って満州を論じ学ぶことを計画し、またそのために祈りたいものである。

十月八日（木）　晴　登校。無教会の信友、現逓信省技師松前重義氏が数日前から在京中であることを知り、松前氏に要請して、午後二時から養正の講堂でデンマークに関する講話を聞き、映画でその実際を見せてもらった。尋ねてみた職員たちの評に「近来稀な名講演だった」、または「非常に有益な話しであった」と。お節介と思ったがこういう人物をもう少し広く朝鮮の人に紹介して、一人でも多くこのような良い消息を聞かせてあげたくて、市内の某男子・女子の学校に紹介したが、やれ運動会の練習で忙しい最中だとか、あるいは校長が不在中だとか、あるいは講堂の設備が不充分だといって断わられた。中でも学務局の許可があるかと問い返す校長先生の手際のよい校長術には、一驚また再驚。知的に霊的に生徒及び教員の為に有益であるかないかを考えるのではなく、校長の地位に責任が波及するか否かが第一の問題であり最大関心事のようであった。

ともあれ、「彼等（招待された者たち）は知らぬ顔をして、ひとりは自分の畑に、ひとりは自分の商売に出て行き」（マタイ二二・五）という様（さま）を目撃しては嘆息せざるを得ない。こういう経験をしたので、以前本間俊平翁を、今日は松前重義技師を全く個人の交誼で自分ひとりで決めた日取りのままに、全校の授業を中止してキリスト教講演をさせる養正高等普通学校当局者たちの度量が寛大であることと、自分たちの責任よりも生徒及び職員の実質的な修養を重視する態度に、前に倍して敬意を表すようになる。

十月九日（金）　晴　今夜、松前重義氏を中心に三、四人の友人と共に、朝鮮ホテルで晩餐の卓を囲みながら清談をすること数刻。朝鮮ホテルで食事をするのは私の初体験であるが、一方、玄関正面に自転車を横付けする私の如き客に出会ったのは、朝鮮ホテルの歴史始まって以来のことかと思う。

十月十日（土）　晴　授業後、帰宅して秋の収穫を助ける。旅行中に罹（かか）った風邪がだんだん酷（ひど）くなり、ついに漢方薬三包を買って飲む。東京からの便りに、

送ってくださった『聖書朝鮮』誌と手紙を嬉しく受け取りました。読んで行く中に、失った

宝を再び探しあてた様な感じがしました。不満の多い世の中で一日を生き、また一日を生きるこの生涯が、小生には満足な生活と考えられます。

敬具

十月十一日（日） 晴 家では蔵造りの仕事が続く。午後二時から、学生班の英文聖書勉強。同三十分から「基督教的結婚観」と題して、マルコ福音書第十章の前半部を講解する。高い理想の満ちる希望と低い現実の増える悪の勢力との間に立って、激しい苦闘を続けるという近況に接して、慰められることが少なくない。

十月十二日（月） 晴 マラソン選手の孫基禎が今日入京する予定であったが、東京の各団体の歓迎に捕まって、抜けることが出来なくてまだ東京に滞在中だとの事で、ソウルの各新聞社の歓迎プログラムがずれてしまい大騒ぎである。養正高等普通学校のバスケットボールコーチで、日本バスケットボール代表選手としてベルリンに行ってきた李性求氏を学校に招き、簡素な歓迎茶話会。今日、蔵造りの仕事が終わる。疲れて鼻血が沢山出る。

十月十三日（火） 晴 校内大運動会の練習で今日の授業は全休。放課後、体操科の先生から丁重な挨拶があったので思わぬことで驚いたが、挨拶の内容というのは、今日全校生徒を総動員して練習した結果、もし全校の生徒が四年甲組の生徒たちみたいだったら大運動会も難しいことは無いでしょう。彼らだけは命ぜられた位置で一日中変わることなく、立っておれと言われた時間まで一人も脱落する者はいません。平素の受け持ちの先生の訓練のお陰で体操教師の苦労が半減します云々と、感謝に溢れる声であった。

蓋馬高台で激務に従事している兄弟の葉書に、

……貴誌により深遠な真理を悟る機会をより多く与えられ、仕事の都合で教会の集会に出席

できない小生にとっては、唯一の説教として読破しております云々

本誌は教会信者に無教会論を鼓吹しようとするのではない。このように教会に出ようとしても出られない木樵（きこり）や牧者（ぼくしゃ）の友となれば足りるのである。

十月十四日（水）　晴　朝礼の時間に監督係の先生から、「第四学年甲組を模範にしなさい」と全校生徒に訓話され、有り難くもあったが恐ろしくもあった。こうなると、四学年甲組の生徒とその担任教師が嫉妬（しっと）されることは明らかであるから。もし、何か失敗でもあったら、その幾倍もの嘲弄（ちょうろう）を招くのは火を見るより明らかなことである。しかし、後日のことを恐れて、今日、正しい道を歩くことを躊躇（ちゅうちょ）すべきではないから、直行、また直行せよ。

十月十五日（木）　半晴　校内の大運動会。昨年は本部席という閑職を任せられて、大運動会の当日にも原稿を数枚書いたが、今日は審判係という重責を委されて、一時も座って休む暇が無く、忙しい一日を送った。無事に大会を終えた後、職員一同が青木堂で晩餐を共にしながら、今日の経験に鑑（かんが）みて、来年度大会の計画をたてた。帰宅してポンプの水を汲み、きれいに足を洗い、身体を洗い、顔を洗い、歯を磨いた。市内で汚れてきた埃を全て洗い去り、冷水一杯を飲むと、さっぱりして生き返ったように感じる。市内から帰ってきて身体を洗い、冷水を飲む醍醐味は格別である。イスラエルの人々は井戸一つ掘るのが子々孫々に大いなる遺産になる（ヤコブの井戸等）と言われたが、我が家の第一の宝は、実にこのポンプ井戸である。そして、もう一つは鍋料理だ。

十月十六日（金）　晴　休日なので終日在宅。家族が外出した間に一人きりで一軒家を独占、日当たりのよい板の間で、読んだりあるいは黙想しようとすると、この世で千年生きるよりも、主なる父の庭で一日生きることを願う気持ちもよくわかる。周囲が

静かで日当たりがよくて暖かいのが、我が家の唯一の自慢である。目が疲れた時には、時折立ち上がって白菜畑に水をやる。今日もポンプの水で顔を洗うこと五、六回、冷水を飲むこと何杯かである。

十月十七日（土）　晴　祝祭日で学校は休業。日曜も集会のために家に座っておれない立場なのに、昨日今日と二日間引続いて家にいながら、北漢山麓の初秋の景色に心身をゆだねることができたのは、何よりもありがたかった。しかし、今日は全家族協力して労働。私は午前中かけて便所のセメント工事。最も汚いところを主人自身の手で最も堅固に最も清潔にすべきだという手本は、東京市外武蔵野学園の佐藤藤太郎校長先生に習ったものである。今日も佐藤先生に敬意を表しながら便所の修理。

　今夜おそくまで執筆。零時を過ぎて参宿（訳註・オリオン座）が燦爛（さんらん）と東の空を飾る時、讃美して就寝。

十月十八日（日）　晴　野外礼拝のため午前十時に家を出る。一行十八人の中で老人婦人女子たちは北漢山麓の輔国門で分かれ、元気旺盛な学生と青年だけ白雲台の上峰まで登った。この白雲台組に、今年八歳になる普通学校一年生である我が家の正恵がいて、行きあう登山客の称賛も少なくはなく、疲れた大人たちを力付けることも少なくはなかった。皆が言うのに「あの幼い女の児を見ろよ」と。

　北側の楓の紅葉は盛りであるが、南側の楓はまだまだであった。しかし、白雲台付近は男女登山客で一大市場のように変わってしまい、教養のない連中が果物の食べ残りや酒瓶などを乱雑に捨てて置く様は、本当の登山人たちをして言わしめれば、神殿で皮の鞭を振りまわされたキリストの義憤さえも生じざるを得ない光景であった。白雲台よりも我が家の近辺の方が静かなのに気付いて、夜七時近く下山する。

十月十九日（月）　晴　呼び出し状を持って東大門署に行き、十月号の出版許可状をもらって登校。マラソンの覇者孫基禎の歓迎会を他より先にやろうと、各新聞社がありとあらゆる卑劣な手段と方法をもって競争したが、今日は午前中に朝鮮日報社、午後は大阪毎日支局の主催で各々大々的歓迎。こんな時になると、新聞社というのは娼婦達とあまり差が無い。授業後帰宅して、夜中の一時まで執筆。

十月二十日（火）　晴　目の保護に効き目があるというので、自転車に乗る時にだけ眼鏡をかけて見たが、品質がよくないためなのか、もともとそんなものなのか分からないが、視力が次第に落ちて行くようなので、今後当分の間は中止することにした。眼鏡が気性に合わないのは、丁度教会が気性に合わないのに似ており、独りで苦笑する。蓬莱山の学校で宿直に当たる。

十月二十一日（水）　晴　連日の寒さにヘチマその他の葉は皆しぼんで落ち、秋色は次第に濃くなり、ポプラは今がいい眺めである。早朝三時半まで執筆すると、鶏鳴（けいめい）の外には北漢山の雄大な沈黙が大地を威圧するのがよく分かる。早く寝るようにとの母上の心配はありがたいが、「文章を書くことは聖霊の感動がある時でなければできません」と言いながら、早朝の参宿が南の空に来た時、やっと巻頭の三ページ分を終える。昴宿（訳註・牡牛座のプレアデス星団）の数を数えようとすると、視力が非常に落ちていることが分かった。

十月二十二日（木）　晴　昨夜に引き続き、北漢山麓では風の音が騒がしかった。授業を終えた後、職員会。帰途に印刷所で校正。夜には村の夜学で掛け算と、マツケムシ等の授業。家の手伝いをする少女を一人雇ったが、何日もたたないのに我慢できなくて去ってしまった。善良な少女、あるいは女一人を家事のお手伝いとして求めているが、容易に見つからない。家内が出産まぎわなので、自力自弁主義をしばらくやめて、他人の助力を求める事に同意を得た。昨夜の過労で今日は早く就寝。

十月二十三日（金）　晴　今朝の気温は一度六分に降下した。ポンプが初めて凍った。器の水も薄氷が張った。前庭のポプラの行列も秋の色が次第に濃くなる。

　今日から中間試験が始まり、試験監督をしながら、弁当を食べ、校正をする。一度に三つのことを同時に行うことは、それほど難しいことではないようである。

十月二十四日（土）　曇　雨が降りそうだったが、キムチ用の白菜畑に充分な雨は降らない。午前中は印刷所に行って校正。午後は登校して式に出席。市内の官公立学校教員の教育勅語記念式が朝鮮神宮で挙行され、私も参列。再び印刷所に行って校正。日没時に帰山して川辺の雑草を取る。

十月二十五日（日）　曇後風雨　午前は倉庫裏の整地作業と排水溝工事。その後二時から復活社の講堂で、マルコ福音書第十章の後半部を講解。試験週間であるのにもかかわらずいつもの通り出席した学生たちの熱誠に動かされたためか、講話に非常に力がはいった。宗教を職業とする者、神学校出身者たちの立場から見れば、「蛮勇」を振い「無責任」なことをしているのかも知れないが、試験勉強よりも今日の聖書講話を聞くことが生涯に有益になるものと確信しながら語る。

　今日から女中（ママ）が来た。家内の出産が差し迫ったので、やむを得ず他人の助力を求めたのである。

十月二十六日（月）　曇西風強し　印刷所に立ち寄って登校。試験の監督をしながら校正。

　最近は北漢山麓での落葉かきが季節に伴う年中行事中の最大事であるようだ。私の取って置きの品であるチゲ（訳註・背負子（しょいこ））をかついで出かけたい気持ちは山々だが、伐採禁止地帯なので枯枝集めの仕事をしたくてもできるはずがないのは残念。枯枝集めは大概婦女子たちや子供たちだが、これは山林看守に捕まえられても、男の大人よりは処罰が軽いとの理由であるとか。去る夏季には雨がやむと、茸狩りをする老若の男女が朝夕絶えることなく、手に手に籠を下げて山に登っていくのも、山麓地帯の一風景であった。

十月二十七日（火） 晴　試験監督の暇を見ては校正をして、来月号の校正が今日完了する。発行の許可は昨日付で下りて、今度の号は近来稀に早くできた。夜は月光が惜しくて眠れず、遅くまで庭内を逍遥する。

十月二十八日（水） 晴　自転車に乗って東小門を越えて行く快さ（こころよさ）はいつも格別なものだが、今朝は下り坂を走る間に、突然「自転車神学」という考えが湧き起こった。後日、この自転車神学を文章に表現する日があれば非常に興味深いものになりそうで、鍾路を過ぎ蓬萊町に到着するまでの間、独りで微笑を禁じ得なかった。

夜洞内夜学校で授業。今夜も明月とポプラと北漢山を代わる代わる眺めながら、零時が過ぎるまで眠りつけなかった。

十月二十九日（木） 晴　今日で中間考査を終える。心身が虚弱で、家庭問題が複雑な一生徒の家を訪問するために、市内の杏村洞山上にあるバラック村に行ってくる。大概、一家が十八坪、二十坪ずつであるが、その一つの家に二家族以上が生活することに比べれば、我々のように北漢山城を庭にして生活する者の幸福は比ぶべくも無いのに思い至り、恐縮千万である。夕方、第九十四号の製本が出来る。予定より早く出来たが、待っている読者達には先に送ろうと思い、一部ずつ発送準備。お月様の中の桂樹がはっきり見えるようだ。月は明るく、天は高く。

十月三十日（金） 曇　十一月号の一部分を今朝発送。佐藤得二教授から『仏教の日本的展開』という新著を頂き、佐藤氏の思索の成果を産み出してやまない学究的精力に敬嘆すると同時に、キリスト教徒としても仏教の研究を等閑に付してはならない事を切実に感じた。時期を待って冬期聖書集会で仏教講座を開いて見ようかと思う。

放課後、バスケットボールで汗を流して、帰る途中に自転車が衝突し、他人の自転車一台を倒して小言を聞く。従順に聞き謝って、貞陵里の峠を越えている際中にパンクして、自転車を引摺（ひきず）って帰る。急いでうまくいくことはない事をしっかり学ぶ。

十月三十一日（土）　晴　登校。授業の後、帝大医学部教室で開かれた朝鮮博物学会に出席。博士二人が講演する集会であるが、出席者は講師を入れて十三人。割引の価格で投げ売りする百貨店と劇場と料理店等は、ほとんど皆超満員の盛況であるのに、科学界、あるいは宗教界で、真理を探究する座席は毎度斯くの如しである。今日の集会に比べてみると、我々の日曜集会は盛会であることを発見する。夜は雑誌発送用の宛名書き。

十一月

十一月一日（日）　暫雨　自転車に積むことが出来る分量の雑誌を今日も発送。午後二時から、復活社講堂で、マルコ福音書第十一章を講解する。閉会の後に、東京から最近帰ってきたバスケットボール界の権威者某氏が来訪、哲学的バスケットボール理論に関して聞く。神学でなければ信仰や聖書を論ずることが出来ないと主張するように、このバスケットボール人の意見に依れば、哲学的根拠が無いバスケットボールは成立できないという新学説となる。科学的研究の時代はすでに過ぎ去ったので、今は哲学的バスケットボールでなければいけないという。世の中は広くて博（ひろ）い。ありとあらゆる人たち、ありとあらゆる意見！

十一月二日（月）　晴　井戸のポンプが凍り着き、

器に入れてあった水は手の平の厚さほどに凍った。登校途中、光化門通りの四辻で自転車が衝突して投げ出され、二、三回転ころがった。こんなに痛快に転がったのは生れて初めてのこと。しかし、先にいた自転車が急停車したために突進して衝突したので、責任は向う側にあった。いずれにせよ、初期には無事故だったのが、最近多少熟練しつつある時に事故が頻発するのは、たしかに心の弛(ゆる)みに起因するので、霊界のことと同じである。信仰が相当進み、聖書知識に通達したと自信を持つ時が、第一番の危機であろうか。

地理の時間に、孫基禎からベルリン、パリ、ロンドン、デンマーク、イタリア各地及びスエズ運河、ポンベイなどの遊覧談を聞いて有益であった。ドイツ人は全体に質実剛健であり、婦女子までも化粧より自然の健康美を貴重に思うこと、ドイツやデンマークに自転車に乗る人が多いことなど、一層快い話であった。

今年は大豆の収穫は合わせて三斗（訳註・一斗は十八リットル）ほどになる。薪を割って明日の準備をする。

十一月三日（火） 曇夜雨　明治節、式後受け持ちの生徒に満二時間、訓話する。式だけ済ませて、遊び時間を利用して科学知識以外の訓練をしたかったのである。授業料に含まない勉強することだと有り難がる者も全く無いのではなかろうが、大多数にとってはこんな小言は後日怨恨(えんこん)の材料となる模様。しかし、今度だけはどうだろうかと思い、折々授業以外の小言を言ってきたし、今日も時間と精力を傾注して内なる真情を打ち明けたが、過去の経験を思い出しては今日のことも後悔しきり。

あひるの卵をかえした雌鶏(めんどり)が、あひるの卵とは知らずに昨日もコケコッコ、コケコッコ、今日もコケコッコ、コケコッコ。自然と腹立たしくかわいそうでもあるが、雌鶏である以上は今日もコケコッコ、コケコッコ、明日もコケコッコ、コケコッコとやるだろう。その結果は一つも残るものが無くてもよい。私も職業を通して神の愛と主イエスの悲哀を味わい、私の神の懐に帰って行くために努めれば、それだけで私の事業は成就される。損したところでもともとである。昨夜は宵の口から「ペテロの眠り」(訳註・イエスがゲッセマネで祈られた時、眠りこけてしまったことを指す。マタイ二六・四〇)を眠ってしまったので、今夜は早朝二時過ぎまで起きていて座り、悔恨の罰。食べることでは「大飯食らい」であり、眠ることでは「寝坊すけ」である、ああ困った者だなあ。

十一月四日(水)　快晴　授業後にバスケットボール。小鹿島より便りあり。

十一月五日(木)　快晴　授業後、対培材高等普通学校職員テニス試合を断り切れずに参加。三対二で敗れる。夜は洞内の夜学校で掛算、割算を教えていて、葉書の横の長さが九センチであることを学んだ。

十一月六日(金)　曇小雨　約一ヶ月間、南大門付近の電車軌道を改修中で交通がきわめて混雑し、自転車でこの付近を無事に通過したら、命を新たに得たような感がなくはない。授業の後、精神作興週間の行事を議決して、遅くまでバスケットボール。夕方に風雨が始まり、立冬節らしい。

十一月七日(土)　立冬、曇　今日から一週間の精神作興週間が始まった。最近、数カ月続けて無教会論を展開してきたし、特に第九十四号の巻頭文で無教会主義と内村先生に関しては「だれでも自分をまず反省すべきだ」と書いたが、その「だれでも」は、単に崔泰瑢監督だけではなく、もちろん全朝鮮の人の中の「だれでも」でもない。むしろ、東京その他にあって大家だと自他が認める直系の弟子たちの中で、我々とは正反対の説を主張する人がいるとしても、私は私なりに無教会信仰の精神を把握したものであると思い、「だれでも」の一句を添加したのであった。

ところが偶然に、全く偶然に、山本泰次郎氏が主筆の『聖書講義』十一月号「私の立場」という文章と、塚本虎二氏主筆の『聖書知識』十一月号「私の無教会主義」という文章などが、時を同じくして我々の無教会論を裏付けしたところがあるのを見て、我々がやたら蛮勇を振るう者でないことを知り幾らか安心した。（訳註・『韓国無教会双書』第2巻二〇四頁「わたしが見た内村鑑三先生」参照）

十一月八日（日）　晴　昨夜は宿直。今日は午前十時半から本社で、マルコ福音書第十二章の前半を講解した後、亡き父親の誕生日記念の餅で午餐を集会員と共にする。午後一時から精神作興週間の行事として、担任の生徒達と一緒に、北漢山麓一帯を巡回する。いわば我が家の庭を一巡したわけだ。

十一月九日（月）　晴　今日、自転車の故障で、蓬莱町松本自転車店店主・朴昌成氏に修繕を依頼する。自転車にも博士がいたら、朴氏はきっと博士である。微妙なところまで調節するので即座に動く。自転車に対する朴氏のように、信頼を持って治療を受けられる眼科医師がいたら診療を受けたかったが、診てもきちんと診れる者がなく、病状はわかっても正確に治すことができず、治すとしても不親切極まるから、むしろ自然の姿そのままに放任中である。夕食後、鍾路まで行ってバスケットボールリーグ戦を観戦し、夜十時近くになり帰山。

十一月十日（火）　快晴　四カ月にわたったスペイン内乱は、ついに首都陥落の報道。

東京から松前重義氏著『デンマークの文化を探る』という本と松前氏の親書到来。喜びをもって読み始める。また『祈りの生活』第三号で、咸鏡南道の全啓殷牧師に関する記事を読んで感激した。日本の人たちが見るところでは、世に稀な聖徒であると言うが、我々朝鮮人の間では全牧師を理解する人は稀であり情けない。同号をみると、無教会主義というものが教会攻撃を業とするのではないことが一層明らかに分かるだろう。十余年間無教会主義者と見なされた者として、「教会を攻撃する立場での無教会主義者であった。無教会主義とは教会との対立抗争だけにその存在理由があるのだ」との批評は、真理を洞察できない者の告白以外に何の意味も無い美文である。

十一月十一日（水）　小雨　精神作興週間の早起きの日だ。午前六時の朝礼時間に参列すべく、四時に起床。貞陵の坂を越える時には、自転車の照明を消して止まり、オリオン座、乙女座、大熊座、及び下弦の月など、燦爛（さんらん）たる天の空を仰ぎ見る。大学街と鍾路通りの無人地帯を疾走するのも、自転車乗りの一つの楽しみである。授業の後、家に帰りキムチ漬けの仕事を助け、じゃが芋を貯蔵のため土に埋める仕事と、落ち葉かき等をする。『新興基督教』の無教会批判号を面白く読む。教会主義者は無教会の核心を理解し得ないのが面白味の中心であり、政党代議士たちの論戦のように、自分の党派の喝采を期待しながら、臆説を以って相手を誹謗するのを聞くことを喜ぶのが、けんかを見物する人の心理で興味百パーセントである。ただし、無教会批判の張本人である『新興基督教』誌が、九、十月の両月にわたって連続して、矢内原忠雄教授の『民族と平和』を最大の賛辞をもって紹介したことは立派なことだった。

十一月十二日（木）　晴　徹夜。授業の後に、精神作興のための大掃除。帰宅してにんにく畑の整地作業。今日、キムチ漬けを終える。夜は、村の夜学でハングルの綴り字法、掛け算、割り算等を二時間にわたって教える。

十一月十三日（金）　晴　午前中に三時間授業して、精神作興週間の最終行事として郊外マラソン大会。

弘済川の砂場から旧把撥里まで、往復七マイル半を全校生徒と一緒に走る。冷たい風に当り、北漢山連峰を眺めながら走る快さは比べるものが無かった。五百数十人の生徒中、病人と事故のある者を除いたほかは全員参加である。途中落伍者多数出る。ゴールまで完走した者三百二人中で、私は二十二等で帰り着いた。七、八年振りで初めて走った者にしては悪くない成績だと自己満足し、長距離選手の本産地である養正の生徒たちと走って、落伍しなかっただけでも幸いであると思う。

帰宅してニンニクを二畝植えながら、病床にある友人たちを思い浮べる。このニンニクが雪の降る非常に寒い冬に耐えて、翌春、氷を突き破って育って行く力を与えられるように、長いこと病床にある友人たちにも回春の力を与えられるように祈る。夜は洞内夜学校の職員会議。木星と金星は西の空に並んでいる。

十一月十四日（土） 曇　午後雷雨と雹　全校生の出席簿を持って朝礼の前に到着するため最大の速力で登校すると、三十三分間の新記録。葉書一枚、左の如し。

先生、主の恩恵の中に御健勝であることをお慶び申し上げます。毎週の聖書講義は平易で柔軟で、その中に深い真理が含まれています。私自身も知らない中に、拳をぐっと握りしめる時もあり、また時には顔がほてり、心臓の鼓動が速くなることもあり、のどの渇く人が水を飲んだ時のように感じられます。この身が、先生の講義を聴くことが出来るのを無限の光栄と存じ、霊の深い眠りから、あたかも雷に遇ったように醒めます。とりわけ、『聖書朝鮮』誌の教理信条及び宣言と告白には、真理の奥義が簡単明瞭に表れており、一読すると、あたかも肉体全体を貫き通すようであり、また肺腑を針で刺すようです。再読三読すると、含蓄されたその深い意味を悟り、限りなく嬉しくなって感謝があふれます。以前から『聖書朝鮮』誌を第一号から読破したい願いは切実でしたが、思うように出来ませんでした。今度は、他の事は皆除外してでも「必ず」と思いを定め、第一号から全部を読もうと思いますので、未熟な小生をさらに鞭撻してください。

十一月十一日　　　　　　　　　　○○○拝上

このような人に、このような事実が起こるために、職業的宗教家たちから「主観的な信仰だ」とか、「無責任だ」とか言って批判されても、『聖書朝鮮』誌を廃刊することは出来ず、日曜集会も止めることが出来ない。

十一月十五日（日）　晴　学校の事情によって集会時間を突然変更。午前十時から英文班、同三十分からマルコ福音書第十二章後半を学び、集会後、養正高等普通学校の生徒たちは、全校生徒たちと一緒に行く。しかし、私は集会の会員中の一人の住所が未確認のため、昨日中に通知することができなかったので、私だけ残り、午後二時を期して一人を相手に暗誦させて、英文解釈、マルコ福音書の研究を反復する。

十一月十六日（月）　曇　昨夜、北漢山が白雪で化粧した。ただし、平地では小雨。今日、学校からの帰途に、快走する自転車の前に酔っぱらいが飛び込んで来て、突然の衝突。酔っぱらいはアスファルト路上に後頭をぶっつけて倒れ、血を流しながら昏倒。一時は殺人犯になるのではと思ったが、だんだん血色が戻り酒気が退散して、正気が戻ってきてほっとした。今日まで私の「自転車神学」は、自らの過失の無いことに専念したが、今日からは「酔っぱらい」という一項を加えて対策を考えなければならなくなった。しかし、ソウル市民の九割九分までが酔っぱらいであるから嘆かわしいことだ。酒を飲んで酔っぱらった奴、飲まなくても酔った奴！　後になって見たら、車体も大きく損傷し、左側の胸もずきずき痛む。

十一月十七日（火）　曇　井戸のポンプがすっかり凍ってしまった。海外の誌友から、今年一ヵ年分の正誤表と共に、次のような便りがあって感謝。

主イエス様の永遠の祝福が、多忙な先生と御家族の上に豊かに臨むよう切に祈ります。アーメン。貴誌第九十四号の二頁に載っている言葉の中に、「自分の立場を忘れたように協力も賛同もする」という一節を読んで、無節操なる小生は、「そうだ」という言葉が無意識のうちに口から出たのでした。それこそ真理の言葉だったからです。過去のキリスト教の歴史が、我らに残してくれたものは大変有益ですが、しかし、その中に羞恥と醜態が少なくありません。もし我らに何かが有るとすれば、それは全てが天の父の賜物（一コリント四・七）です。どうして我々自身が造ったように、「私のものが正しい、あなたは間違っている。私の立場は正しい、あなたの立場は間違っている」と、互いにいがみ合うことができましょうか。一つの家の家族が互いに争えば、双方とも結局残るのは悔恨だけではないかと思います（ガラテヤ五・一五）。

小生は天のお父様の恵みによって、過去の全ての出来事を通じて多くを学びましたが、現在も学んでいます。小生がこのように言うのは理論でありません。空を打つ実のない空論ではありません。そして、小生が現在いる所が教会内であり、小生の食べ残しがあれば兄弟達に分けてやり、また不信に抗って証している立場です。神様が小生を現在の立場に置かれたことを知り、不忠では有りますが、私なりに真心を尽くそうと思います。このような立場にいるために、批難も来るし、恐喝もあります。しかし、ひたすら全てをご存知の神様に任せて、一日一日を従順に従うばかりです。これは私のやるせない独白でございます。弱き罪人ですので、出来ましたらお心に留めていただきたく、あえてお願いいたします。最後にくれぐれも自重されんことを。……貴誌八十四号から十四冊の中、あるいは誤植ではないかと思い、あえて正誤表を送ります。もし、必要が無ければ棄てて下さい。何時か通信欄に、誤字を発見次第教えてくれと言われたように思いましたので送る次第です。

十一月十一日　教生　○○○　拝上

真心から出た言葉はとても有り難い。正誤表は、今年度に受けた最大の贈物。多くの誌友と共に感謝する。

十一月十八日（水）　雨　今日からは午前九時半までに学校へ行く。今夜、鍾路青年会館で、養正対儆新のバスケットボール試合観戦。快勝。夜十時頃帰山。北漢山麓に移って来てからは、静けさを求めて寄宿生を一切拒んで来たが、今回は無理な請願に負けて、学生二人の寄宿を承諾する。それで、部屋を一間、新しく作ろうと決定する。

十一月十九日（木）　快晴　第一万三千日。登校して授業後帰宅し、ほうれん草畑の草取りをして薪割(まきわ)りをする。部屋造りの設計を大工に今日任せたのに、部屋ができる前に、早くも学生二人が今日から寄宿。

十一月二十日（金）　曇　某氏の勧めで、市内若草映画館で上映中の「ゴルゴタの丘」というトーキー映画を鑑賞した。福音書の順序を追ってイエスの生涯の最後、エルサレムでの一週間を描写したものであるが、芸術的にどれほどの傑作であるかは分らないが、キリスト者には確かに一見の価値はあった。

十一月二十一日（土）　小雨　約束していた大工が

前金だけを受け取っておいて、昨日も今日も仕事を始めないので、怒って工事を断念すると宣言したところ、やっと今日の午後やって来て仕事をするまねをした。九月下旬に倉庫二組を注文して代金の半額五円を先払いしたのに、期日を更新すること十余度、満二カ月になる今日まで嘘をくり返すだけなので、金銭は失ったものと断念もするが、イエスと同職である大工たちに対する同情と敬意を全く失うようになったことは痛嘆すべきこと。夜は鍾路青年会館でバスケットボール戦を観戦。全勝を保持した中東対培材の激戦は壮観であった。ついにバスケットボール「ファン」になったようだ。

十一月二十二日（日） 晴　大工二人は一日中工事。午後二時から英文班、同三十分からマルコ福音書第十三章の研究。終末に関する預言であり難しくはあるが、健全に研究しなければならない所である。この世に終末があるのは動かすことの出来ない事実である。人生を、食べて着て遊んで過ごすか、さもなければ目覚めて祈りの生活をするか、二者択一すべきである。千年、万年を生きると思っていて、夢遊病者や酔ったような生活の中で、一日を過ごすことが最も哀れだと述べる。

十一月二十三日（月） 晴一時曇　休日であるので久しぶりに日向ぼっこをしながら、一日中貞陵里の中で過ごす。午後、朴泰鉉君が来訪し、精米業に関するいろんな経験談を聞く。夕食後には、某氏との会談の約束があり鍾路まで行ったが、相手が来ずに目的を果たさなかったので、仕方なくバスケットボールの試合を見物した後、帰山。今日一日執筆したが原稿五、六枚に過ぎない。能率が悪いのを自ら嘆くばかり。今年もキムチ用の野菜のできが良くなく、とうとう大根と白菜を約十円分購入する。

十一月二十四日（火） 快晴　昨日朝寝坊をしたことを悔いて冷水摩擦したところ、風邪を引き喉を痛める。病気にかかって見ると健康な時間に怠けることと、世事に忙殺されていたことなどが一層悔やまれる。怠けて病気にかかったのであるから、薬を飲むのも恐縮で当分の間はほっておくしかない。

大工が工事の中途で嘘をついて逃げたので頭が痛い。現代の朝鮮の大工の心理は一大研究問題なのかと思う。

授業後帰途に鍾路で某氏に会い、約束を実行できないという通知を受けて心に痛みを覚えた。これは人間同士人の道を歩まず、聖徒の道を歩もうとしたところ計算が狂った時の心痛であり、悲哀であり、うろたえである。請われるままに、再び試験をすることを同意せざるを得ない。近くに山羊牧場を譲るという人がいるが、誌友中に引き受ける者はないだろうか。実費千七百円というから、希望の人は直接交渉が必要。

十一月二十五日（水） 晴　大工が工賃は全て受け取りながら、仕事は途中で放ってやらないので、私の忍耐力が切れる。外国人よりも朝鮮人に仕事を任せようとこだわった自分を後悔せざるを得ない。風邪に罹って、夜十一時まで執筆した後就寝。

十一月二十六日（木） 後小雨　午前五時に女児が誕生したので、第五子まで数が満ちた。産苦の激しさに驚いた。夜、鍾路の青年会館でバスケットボールの試合を観戦。養正高等普通学校は優勝圏から脱落した。

市街から帰ってきた時、ポンプの水で手を洗い、頭と耳、目、口、鼻をそれぞれ洗い充分歯みがきした後に、自ら掘った井戸水一杯を飲むと生まれ変わった心地がする。ソウルの塵ほこりと煤煙を掃き尽して、北漢山麓の清浄な空気を大きく吸うのは、ただ生理的な衛生の問題だけではない。我々の霊魂の都市に対する反抗、人間的な要素にたいする抵抗の魂の発露である。都市を造ったサタンに敵対しながら、村落を造られた神を慕う我々の祈りの現実である。夜は月光が次第に明るくなり、北漢山の骨格は一層はっきりしてくるようである。

十一月二十七日（金）　強風雪雨　いよいよ厳冬がやってきたようだ。東京で苦学している兄弟と北満州で牧会をしている教役者から、それぞれ祈りの中で記憶しているとの篤い友誼の便りに接し有り難かった。どの神学校で学び、どの教派に属して教役者として仕事をしても、我々の祈りの友となるには何ら障害は無いのである。特に満州のような開拓地域で伝道する人は、彼が私に代って伝道してくれるような有り難さと、彼の牧会している教会の兄弟姉妹は、私の兄弟姉妹だという実感を否定することができない。

十一月二十八日（土）　晴　授業後某会議に参加。最近、会議の席で多弁の悪習が無くなったのに気づき、実験してうれしかった。雄弁は銀であり、沈黙は金であると言って、沈黙だけがよい事ではないだろうが、タバコを吸いながら人の重大な運命を決議する所では、沈黙することが多少とも良さそうである。夜は明月。しかし、風邪のために、執筆はままならず。

十一月二十九日（日）　曇　当直で、午前中登校する。暫く時間を盗んで、午後二時から復活社で、英文及びマルコ福音書第十四章の講解。この学期内にマルコ福音書を終わる為に、十四章の七十二節全体を一時間で講じようとしたが、とても難しい事だった。風邪をものともせず、明け方三時まで原稿書き及び校正。体の具合が悪かったので、十二月号は発行が遅くなりそうだ。毎月少なくとも二、三日は徹夜しなければ雑誌の発行が出来なかったが、そうして、一年十二ヶ月を欠かさずに発行することが出来たのは、私の目には大きな奇跡に映る。

十一月三十日（月）　雨　学校では授業以外に消防

の準備演習をする。市内では一番大きい寿松洞公立普通学校が全焼した後、各学校に消防訓練の指令が出されたためだと。

ナチス・ドイツと日本帝国との防共協定が発表された上に、イタリアのエチオピア帝国合併と日本の満州国建立承認を交換条件にするといって大騒ぎしている。アメリカのハウス大佐の予告によれば、日独伊三国の関係は、おのずとソ仏英の三国関係を緊密にさせるだろうし、そこに元来好戦国民であるアメリカが参加すれば、今後大戦になれば勝利は英仏側にあるのは明確であると。とにかく、前回の大戦よりもはるかに大規模な世界戦争になるらしいから、人類の運命は嘆かわしいこと限りない。校正原稿を学校にもって行って校正し、再び印刷所に行って校正する。

十二月

十二月一日（火） 曇　恐ろしい日だから、来ないようにと思っていた十二月の初日が遂に来た。『聖書朝鮮』十二月号も印刷がまだ出来ていないのに、冬期聖書集会の準備が一大難事のためである。喜ばしくもあり、重荷でもあるのも事実だ。登校途中に印刷所に立ち寄り、二時間位校正をして外に出てみると、自転車に載せておいた弁当が無くなっていた。誰かが盗んで行ったのである。実に生き馬の眼をぬいて行くソウルの風景である。登校して授業と消防演習をした後、帰途再び印刷所に行き、遅くまで校正。

十二月二日（水） 晴　朝、印刷所で二時間位校正した後登校し、四時間の授業を終えて帰る途中、印刷所でまた校正。暇を盗んでするから仕事は進まず、期日は過ぎるし、心だけイライラする。一時は敗退したというスペインの政府軍が再び挽回して、かえって反乱軍を四方から反撃中だという。諾否の二語のどちらか、すぐ決まるかと思った日支交渉は、たやすく決着がつけられないような形勢で、一日また一日と延期中。

十二月三日（木）　しばらく雪　午前中の授業時間を午後に繰下げてもらい、印刷所に行き最後の馬力をかけて校正する。しかし、印刷所を出ようとした時見ると、玄関の前においた自転車が盗難に会った。やむを得ずタクシーを駆って授業時間に間に合わせ、授業後、再び印刷所に行き校正。今月は『聖書朝鮮』誌の外にも遅延した雑誌が多くて印刷物がだぶついたために、一層印刷工程が遅延中である。

校正の能率も遅々たるところに、手足のような自転車まで盗難に会い、非常に沈うつな気持ちで市内バスの客となり、しばらくして乗り換えようと東小門終点で下りた時、一大感激の場面が展開された。遠くの人は見分け難い黄昏に、市外バスを待って東星商業学校校門の前にたたずんでいる時、誰かが近寄りながら挨拶する人がいた。意外な時と場所で意外な人に会ったので、適当な挨拶の言葉を思いつく前に、その人が速射砲のように連発する言葉は、「クリスマスになると先生は小鹿島に贈物を送られるそうですね？　何時も考えてはいたのですが……ああ、あの人たち、本当に……これはほんの少しですけど一緒に送って下さい、……なにとぞ、誰とは言わずに、『聖書朝鮮』誌代も今月で前金切れと思います。これも受け取って下さい。……どうか誰だということはあの人たちにも知らさないで、誰にも発表することはありませんように。云々」と言って、帽子だけちょっと傾けるやいなや、黄昏の中に消え去った。時に、金星が昌慶苑の松林の上方に差し昇り、他の星も二、三あちらこちらに見えるが、まだぼんやりとして星座を見分けることはできない。

天空を仰ぎ見て立っていたが、込み上げる感激の涙は抑える術すべがない。そのために東星商業学校の校庭に入って涙を抑え、主イエスにこの事実を告げ、祈って帰途につくと、天国は心の中にあることを再び悟った。三十円する自転車を失って一時は沈うつな気持ちを免れ得なかったが、今日学んだ真理は、計り知れない大きなかたまりである。ああ、今日の収支決算も黒字だけが残った。

十二月四日（金） 晴後雪　最大速力で印刷、製本して今夜発送。鮮光印刷所の支配人以下、職員達の助力を得て、約三時間で発送する。ただし、今度からは新製封筒を使用し、あらかじめ住所と氏名を書いて持って行った為、とても簡単に進行する。発送を終えて、雪の道を遅く帰山すると、雪景色の北漢山麓に、わが家の灯火が一番明るく見えるのも一景。自転車を失ってみると、日頃の効用が少なくなかったことを切実に感ずる。

十二月五日（土） 晴後曇　今月号の残ったものの第二次発送。登校して授業の後、単純な形式的事務のために、三時間をむだにする。生徒達にも益が無く、教師や学校にも何ら益が無い仕事なのに、形式を備える為に三時間という貴重な時間を犠牲にして、文書を記帳した。教師の身の悲哀！　盗難にあった自転車は見つかる見込みが無く、『聖書朝鮮』の発送等には自転車が是非必要なので、また朴昌成君に注文する。初めは通学用として備えたが、今は『聖書朝鮮』社用としての価値がさらに重くなったことを発見する。英国エドワード八世王陛下、結婚問題で四十八時間の内に退位されるとの報道。

十二月六日（日） 晴後曇　午前中に半日を山麓で過ごせて何よりも有り難かった。ピラトの法廷で誤解されながらも自分を弁明されなかった主キリストを説明するために、エマーソン論文集から To be great is to be misunderstand（訳註・偉大なることは誤解されることなり）という句の出所を、長時間探してついに発見した時はうれしかった。他の著作は全部無くなりこの一句だけ残ったとしても、エマーソンが十九世紀の人類中最も偉大な人物の一人であることは明らかである。

宋厚用兄が遠路来訪して、非常に嬉しかった。午後一緒に復活社の集会に出席。マルコ福音書第十五章一―四十一節の講解。講堂の暖房施設が悪くて、充分に講義することが出来なかった。もう少し適当な場所がどこかにないだろうか。「朝鮮歴史」号二十冊を注文先に配達し、帰路に、新築された和信百貨店別館の七階に陳列されている商品を約十分間一瞥。復びチンコゲにある二、三の百貨店を巡視した後、自転車店と電気会社に立ち寄り、各々督促した後帰山。今日も大工と喧嘩をし、又大工に騙されたことを、夕方になって悟った。

十二月七日（月）　晴　子供の三回目の誕生日。報道によると、小鹿島更生園の第二期工事が完成し、更に一千人の患者を増員収容するだろうと。寒い季節を迎え、不幸なこの人たちの一人でも多くがその居場所を得られるのだから喜ばしい。

市内電車やバスなどの交通機関を利用して通学して見ると、自転車が毎日一時間ずつ時間を生み出してくれたことが分かった。それで、今日新しく自転車一台を買入れた。ただし、今度は中古品を買った。盗難を免れるのではと思い、わざと汚いものを選ばざるを得ず、こういう社会に生きる者の悲哀を感ぜざるを得なかった。夕方『中央公論』を二時間も読みふけってから、「読んでいる間は興味があるが、結局は有害無益な文章だなあ」と嘆息（ためいき）をついた。

十二月八日（火）　晴　昨夜、夢で普通学校一学年の時の先生に会った。私に本当の勇気を教示して下さった先生であり、今でも先生といえば夢に見る先生である。申請してやっと一ヶ月ぶりに電燈が架設される。北漢山麓に住むと、文化世界の電燈をつけられるだけでもありがたい事であり、こうなったら、遅いことを深く追及すべきではないと自らを諭す以外ない。大工は今日も約束不履行。捜し出して談判してみても特に益はなかった。

十二月九日（水）　曇　今日午後の博物授業を道視学官が参観し、「誠意はあるようだが、技巧が拙劣である」とか、「演繹的よりも、帰納的教授がもっと望ましい」とか言って、いろいろ親切丁寧な批判を聞かせてくれる。「律法学者とパリサイ人とは、モーセの座に坐っている。だから、彼らがあなた方に言うことはみな守って実行しなさい。しかし、彼らのすることにはならうな。彼らは言うだけで、実行しないから。……」（マタイ二三・二、三、四）と教えられた。イエス様の言葉を思い出しながら、黙々と傾聴。嶺南から今月四日付けの振替で、クリスマスの献金が到着した。これもまた、今月号の広告を読む前に送金したことが明らかである。人為的な事業熱で出来ることではないので、ことさら感激する。夜の十一時まで新しい部屋の壁紙を貼る。

十二月十日（木）　晴後曇　息子の第千百日。崇実専門学校を始めとして、長老教宣教会で経営する百三十余校の閉校を同宣教会で決議したと、世論が騒がしい。閉校するのが害になるか、又は益になるかは神様だけが知り給う。畢竟、人々が心配する程の心配はないだろう。ただ、時期が遅いのが却って恨めしいことだ。嶺南の便りに、

……先生、真理の教授法がわからない愚生をお赦し下さい。三十一日の月であれば三十一日に、三十日の月には一、二日に到着した『聖書朝鮮』誌が、今日が四日であるのに未着です。夕飯の後、郵便局へ行って見ましたが空手で帰って来ました。つくづく考えてみると、十月号封筒の前金切れ予告を思い出し、小生の無誠意を告白いたします。一年分の誌代と、冬期聖書集会に参加すべく、先ず聴講料五十銭と、貧しい兄弟達にクリスマスのプレゼント代三円を合わせて別送します。云々

十二月十一日（金） 雨　エドワード八世大英帝国国王陛下がシンプソン夫人と結婚するために、王冠を投げ出すことを決意され退位される旨を上下両院に宣言されたとの報道。インド帝国よりもシェークスピアを貴重に思うカーライル先生の故国であるから、凡夫の愚劣な打算でああだこうだと論争すべきところではない。さすがにイギリスは大国である。しかし、ボールドウィン首相の苦しい立場には同情してやまない。

長老教宣教会で経営する学校百三十余校を閉鎖することを決議したことに関連して。某新聞社の社説の一節に言う、「……そして、彼ら西洋人をしてこうした麗しいことを好むようにされたイエス・キリストの力と恩恵が、どれほど偉大なるかをもう一度悟りました」云々

遅かったとは言え、全民族を代表してイエスに感謝すべきことを知るようになっただけでも大事件である。

十二月十二日（土） 晴　今日までで第二学期の学課授業を終え、残った仕事は試験の成績つけだけだ。小鹿島の便りによると、そこでも『聖書朝鮮』誌が押収されているようで、再送した九十三号も受け取れなかったとのこと。また、帰島する筈の兄弟が、まだ帰って来ないという消息に接し心配である。「わたしたちは救われる者にとっても滅びる者にとっても、神に対するキリストの香りである。後者にとっては、死から死に至らせる香りであり、前者にとっては、生命から生命にいたらせる香りである。いったい、このような任務に、誰が耐え得ようか」（二コリント二・一五―一六）という句を連想した。万人に賞賛されることはできない。

十二月十三日（日） 晴　ポンプの水が不足し大問題になりそうだ。タダだと言って乱用すべきではなく、水道でない井戸水であっても、やはり節約して

使うべきであることを学ぶ。パン三、四個で四、五千人に腹一杯食べさせて下さった方も、十二の籠に屑を拾うようにされた。午前中までに正月号の編集をほぼ完了した後、近くの山を一巡して、午後二時の英文聖書班では、エマーソン氏の名句である「偉大なるとは誤解されることなり」との句が含まれる一章を講解し、冬期休暇中の暗誦宿題にして、マルコ福音書は第十六章まで講了した。約二年間でイエスの伝記の大綱をまず終え、来年からは使徒行伝以下の手紙を勉強することに決定した。他人が正しく評価しようとしまいと、聖書を学ぶことは何よりも愉快なことである。「だから、わたしたちは落胆しない。たといわたしたちの外なる人は滅びても、内なる人は日ごとに新しくされていく。なぜなら、このしばらくの軽い艱難は働いて、永遠の重い栄光を、あふれるばかりわたしたちに得させるからである。わたしたちは、見えるものにではなく、見えないものに目を注ぐ。見えるものは一時的であり、見えないものは永遠につづくのである。」(二コリント四・一六―一八)と。

十二月十四日(月)　晴　昨日、一日中ソウルに関係なく、世の中に交渉なく、新聞とラジオに接することなく北漢山麓で過ごしたところ、一日の内に東洋の天地が引っくり返ったような大事変が起きたことを、今日の午後、新聞を見て初めて知った。蒋介石氏が西安で張学良軍に監禁されたという報道に、中国人でない私も驚かざるを得なかった。蒋のために同情せざるを得ず、張に対して憎悪を制止できず、中国四億余の生霊の安定と平和のために慨嘆してやまない。通信機関が杜絶し、蒋氏の生存如何も確かでないというのでなお憂慮される。

今日から二学期の試験が始まる。今日当直で蓬莱山で宿直。世の中が不安であるが、聖書を読む時、私の魂は平安を求める。「おおよそ、神の御心のままにする心配は悔改めに至らせ救いを得させるもので後悔することはないが、世の中の心配は死に至らせるようになるのである」と。

十二月十五日（火）　晴　受け持ちの組の生徒の中から試験に不正行為をした者が発覚して対処した後、全組の生徒にもう一度苦言を呈した。ところが、試験に不正行為をするのは現代学徒たちには疚（やま）しくないことのようである。警察制度の発達に従って犯罪行為も巧妙の極致に達するように、監督が厳重である程それだけ不正行為の方法も驚く程発達したらしい。だから、比較的善良な生徒が不器用な手ぎわで不正行為を犯して発覚し、全学期の成績が零になる者がいる反面、最も悪らつで計画的に犯す者がかえって監督者の目にかからないのも、世の中の犯罪の場合とほとんど同じである。その上、外形的制裁と服従を強要することが教育事業の全部だと思い込み、内部の心霊上の陶冶（とうや）にはいささかの権威も持ち得ず、またぶつかって指導して見ようともしないのが今日の教育である。

監禁中の蒋介石氏がまだ生存しているとの号外を見て、少しく安心する。しかし、今度は張学良自身がその部下に監禁されたとの報道だが、中国のことは何か化け物のいたずらのようで、推断し難い。

海外から嬉しい便りが到来。

　先生、霊と肉が共に健やかで、益々ご健闘されんことを切にお祈り申し上げます。こちらも主の恵みの中に変りありません。貴誌を創刊号から全て所有することが出来て限りなく嬉しいです。貴誌創刊の辞の「今日の朝鮮に与える最も珍しく最初の贈り物は、珍しくもない旧新約聖書一巻」という言葉は、聖書をじっくりかみしめながら消化してみたことがなければ、誰も語れない言葉です。こっちの隅っこに、あっちの隅っこに押しやられている白衣民族に、どんなにか貴重で胸が熱くなる言葉で、どんなにか愛の言葉でありましょうか。この言葉を正しく受け取るか否かが、我々の運命を左右すると思います。貴誌の誌齢がすでに九十五号を重ねるまで、その精神そのままを貫徹していることを感謝いたします。このような使者を、この民族に贈って下さった主エホバの神様に栄光を帰します。ああ主よ、あなたがこのような蔑まれている民族に生ける使者を送って下さり、父上の栄光を表してくださっておられることは、この民族をして、永遠に滅亡しないようして下さるという明確な約束だと確信いたします。

神様に栄光を帰して感謝いたします。先生、「一世紀の後に期待」をかけるその嘆声が、今もこの宇宙にこだましています。神様がその声を聞いておられるのですから、なんの乏しいことがありましょうか。勇往邁進して下さい。もう一つ、我々に大きな贈物は「聖書的立場から見た朝鮮歴史」だと思います。これは私には無くてはならない宝です。小生が生涯にわたって読むべき貴重品です。いかに冷血で鈍感者である小生でも、汗と涙なしには読むことが出来ません。これを早く単行本にして出版され、三千里の津々浦々まで浸透させ、白昼にもかかわらず寝言を言っているこの民を覚醒されんことを心から願ってやみません。先生、この地に来ている白衣民族を記憶して下さい。経済的な祝福を受けて、生活は比較的豊かです。その反面、精神の堕落が甚だしいです。暇があれば一杯、一杯飲めば喧嘩です。昔、イスラエル民族がエジプトでやったことを、この民族がそのまま繰り返しています。「おまえがわれらの監督や裁判官にでもなったのか」と文句を言います。まことに滅亡の道を歩んでいます。この民の救いの道はないでしょうか。彼らに福音を語るのは、実に「水の上にパンを投げる」（伝道の書一一・一）ようなものです。まことに亡びるほかないこの民の為に、涙を流す人は果たして誰でしょうか。これは決して感傷的な同胞愛ではありません。考えてみれば長いため息を連発するのみです。長くなり申し訳ありません。お許しください。それではお身体を大切にされますように。貴誌九十五号（十二月号）で誤植と見られるものを抄呈いたします。云々

今年度の正誤表は大体、この兄弟のものを骨子としてできたものである。

十二月十六日（水） 雨 「だれかが弱ければ私は弱くならざるを得ず、だれかが人に妨げになれば、私は心配でならなかったではないか？ 私がやむを得ず誇るならば、私の弱いことを誇るだろう」（二コリント一一・二九―三〇）と言われたパウロ先生は、まことに偉大な人間であった。

「朝鮮歴史」号約四百冊を自転車に載せて発送し、登校後、試験の監督をする。まだ、蒋介石氏の消息は未確認で心配でならない。帰途、鮮光印刷所で新年正月号の校正を始める。

十二月十七日（木） 雨 昨夜からの雨が降り止まず、川が七、八月の長雨の時のように増水した。今夜も雨が続いており、冬至を過ぎて洪水になる心配あり。蒋介石氏の生存が確かであると、今日の号外が報道する。死んだ、生きたは中国のことであり、報道機関の機能まで破壊、あるいは混乱させるのが軍隊の仕事である。試験監督の後に校正。海外からの便り一枚以下の如し。

数日前に送りましたものを御覧下さったと思います。小鹿島の兄姉たちを主にあって懐かしがっていたら、貴誌今月号に小鹿島の霊の家族に、クリスマスの贈り物についての広告のある

ことを見て、霊において交わってきた仲間で話し合って、クリスマスに間に合うよう小鹿島の家族たちへ差し上げようと、贈り物を貴社に送りますので、ご苦労ですがよろしくお願いいたします……。

十二月十四日　　　　　　　　教生〇〇〇

これはとても貴重な贈り物である。小鹿島の兄姉たちも喜ぶだろうし、天上の主イエスも満足されることと思う。

十二月十八日（金） 曇　早朝、貞陵里の谷川の水音が騒がしく流れるので、夏至前後の長雨の時節に逆戻りしかのようだ。川にあふれる水の輝きは水浴び好きの欲望を誘ってやまないが、そのままにわかに寒さが来て堅く凍り付けば、スケート乗りに絶好のチャンスがやってきそうだ。登校して試験の監督以外は、終日校正。

十二月十九日（土） 曇　川の水音がザアザアザア。薬師寺の木魚の音がポクポク。北漢山麓の早朝は仙境のようである。

印刷所に立寄って校正をし、学校に持って行って試験の監督をしながら、また校正。今日までに二学期の試験が終わり、宿直で蓬莱丘上で宿泊しながら採点。採点も校正と同じく、たいして興味のあることではない。夜、教職員たちの忘年会があるということだからか、用務員、給仕諸君は用務員室に宴を設けたようで、窓の外に流れて来る談笑、歌曲が愉快そうだった。あんなに心から喜ばしいならば、今夜の忘年会の宴に自分も席を占めるべきだったのに、宴会よりも答案の採点をする方がずっと耐えられそうなので、言い訳として採点が急がしく当直なのでと言って欠席した。しかし、宿直教師が残っているのは用務員諸君に大きな誤算であったようで、遊興半ばにして、こっそりと場所を校外に移す光景は遺憾千万であった。

十二月二十日（日）　曇　朝学校から山に帰り、集会もない日なので、今日は「ヨハネ福音書」の勉強を完結するように大馬力をかけようと書斎を整理して座っていると、午前中一番目の来客。この山奥の人里まで訪ねてくれたことは有り難い。そして山麓で人に会えることも自然に喜ばしく、午前中はあれやこれやと過ごした。客を見送り、午後の時間は着実に勉強しようと意気込んで机に向かっている時、二番目の来客が窓辺に到着した。これもまたなつかしい客なので、芋を煮てもてなしていたところ日が暮れた。僻地に住むと来客は稀ではあるが、遠くから訪ねて来た人をないがしろにすることはできない。しかし、ないがしろにしなかった結果、仕事が全くはかどらなかった。パウロは、

わたしにとっては、生きることはキリストであり、死ぬことは益である。しかし、肉体において生きていることが、わたしにとっては実り多い働きになるのだとすれば、どちらを選んだらよいか、わたしにはわからない。わたしは、これら二つのものの間に板ばさみになっている。わたしの願いを言えば、この世を去ってキリストと共にいることであり、実は、その方がはるかに望ましい。しかし、肉体にとどまっていることは、あなたがたのためには、さらに必要である。

（ピリピ一・二一―二四）

と、死ぬことと生きることとの間に板ばさみになったと言っているが、私たちも喜んで誠心誠意客をもてなすべきであることと、なすべき義務を果たすように仕事をすべきであることの間に板ばさみになった。

来客の間隙を利用して、野菜畑十余坪を掘り返した。一日降った雨で、秋耕できるように土がほぐれた。

十二月二十一日（月）　漸晴　校正はそっちのけにして、答案の採点に終日没頭する。天気が晴れるに

つれて気温がだんだん下がり、数日の変則的な温かい天気は過ぎ去り、再び冬が来たようだ。暖かい気温と雨水によってにんにくの芽が二葉も伸びているが、冬の間に凍って枯れるのではないかと心配する。

満州からの葉書に、

……通信欄に、踊るが如き先生を本当に羨ましく思います。今は微々たるものですが、全能なる神様だけがよく彼らを救われるでしょう。遠からず、小鹿島の霊の兄姉たちの上にも慰めがあるでしょうし、また、冬期聖書集会を開かれると思いますが、そこに主が共におられて、これからさらに信者としての使命を遺憾なく果たされることを伏してお祈り申し上げます。

云々

十二月二十二日（火） 晴　採点した成績を学級の担任に受け渡しする日であるから、とても忙しかった。小鹿島の回答を待ちに待ったが遂に返事をもらわないまま、今日若干の贈り物を発送する。限度ある小額の金でもって多くの兄妹が最も喜ぶものを送ろうと思うので、これもたやすいことではない。申学亀君の訃報に接して驚く。君のように放蕩して、家を滅ぼし身を亡ぼす若い青年達がどんなに多いかわからない。人生は戦場である。畏るべき所であり、厳粛な所である。

十二月二十三日（水） 晴　第二学期の成績表の作成と清掃等でとても忙しい。五山の李賛甲兄が入京して、午後に来校。共に校正する。夜には蓬莱山で宿直しながら、使徒ヨハネの生涯を勉強する。

十二月二十四日（木） 晴　或る大教会の有名な牧師からの便り。自分の息子の転学交渉に関することなのだが、その手紙が甚だ無知かつ無礼であったので、これを見本として、手紙を書くときの注意を生徒たちに教える。第二学期の成績を発表し、冬期終業式まで終える。校正の為に、鮮光印刷所に立ち寄ったが、今日から印刷所の経営者が交代し、事務引き継ぎで工場は休業中であり、事務室は修羅の巷になっていた。活字まで新たに鋳造して、朝鮮の印刷史上に多大な功績を残そうと、意気は天を衝（つ）くばかりであった幹部が皆退社して、事務員数人の顔ぶれだけが見える。我々の期待と信任が少なくなかっただけに、今日の失望と狼狽（ろうばい）は形容できない。今日のこんな変動にも拘わらず、昨日昨夜までに一言半句の予告も関係者にしなかったところに、商略上何らかの事情があるかも知れないが、人間本来の感情として不快な念を制することが出来ない。来年の正月号以後の印刷に関して、頭の中で色々な思いが錯綜する。

十二月二十五日（金）　半晴　従来は、クリスマスの暁の聖歌隊を窓際で迎えるのが年末の一番嬉しい事であったが、こんな田舎ではどこかの聖歌隊が訪ねて来る筈もないと断念して眠りに就いたのだが、今朝の五時ごろ、「野山におきふす　牧人たちよ、空よりきこゆる　み声をきて、きたりて拝せよ　すくいの君を」という聖歌隊の歌声が聞こえる。夢か現（うつつ）か、人か天使かと訝（いぶか）りながら外に出てみると、川のほとりに聖歌隊がいた。教派だ、神学だというのは専門家と職業宗教家たちに任せればよい。暁の聖歌隊を相手に、そんな詮索をするべきでない。駆け出して行って、一緒に讃美歌を歌いながら、村にある二、三軒の主イエス・キリストの名と関係がある家の門前で、讃美歌を歌う。ただし、貞陵里通りの聖歌隊員中の四分の三はわが家族であった。

午前中は「ヨハネ福音書」を学び、午後は市内に出かける。鮮光印刷所の事務引継ぎは終わったようだが、まだすべてが整頓されておらず、校正紙を紛失したと一時は大騒ぎだったが、ようやく発見して校正を終え、一緒に立ち寄った李賛甲、宋斗用両兄と帰山。宿泊してもらい、おおいに語り合う。

十二月二十六日（土）　半晴　宋、李両兄と共に市中へ出る。正月号校正。ただし、李兄の原稿が郵送中に紛失し、『聖書朝鮮』通信の一部分が校正の後に版が崩れてしまう等、今度の号は多事多難の中に産み出される。きっと意外な誤植がでるのではないかと心配やまず。午後に帰山して、「ヨハネ福音書」の研究。

十二月二十七日（日）　快晴　久し振りに、まったく晴れた天を仰ぎ見ることが出来て爽快である。午前中に来客が数組あったが、適当に対応して見送った後、「ヨハネ福音書」の勉強。あたかも学年末試験を受ける学生のようである。こんな重い荷をなぜ引き受けたんだろうか。ただし、「ヨハネ福音書」を読めば読むほど、無限の宝庫の門が開かれる。東京で弁護士を開業している未見の兄弟から、

　小生未だ拝眉の光栄に浴していませんが、誌上で、殊に『聖書朝鮮』通信で、小生は充分に先生を理解しています。久しい前に政池（訳註・政池仁）氏を通じて、貴兄を紹介してもらい直ちに訪問するか、又は手紙ででも挨拶を申し上げようと思っていましたが、つい今日まで失礼してしまいました。いつも志と信仰を共にする貴兄は、第一線に立って神様の栄光を現すために、万難を冒しながら奮斗して来られ、唯々感激と尊敬を禁じ得ず、貴兄の為に祈っています。これからもただ、祈りをもって貴兄の聖なる使命の途を応援しようと思います。云々

信仰の友から信仰の友を与えられた。我々が友を得るのは、あたかも秘密結社がその組員を求めるよりも難しい。数年間に一人、あるいは数十年が過ぎて兄弟一人が現れる。我々が知らぬ間に、神様があらかじめ備えた後に与え給う。これは主キリストの為に、栄辱と生死を共にしなければならない友人であるからだ。信仰の友は公正なる秘密結社の団員で

ある。今年のクリスマスにも、我々は溢れるばかりの杯を与えられた。深夜二時まで「ヨハネ黙示録」を勉強したが、「臨渇掘井」（訳註・渇きに臨んで井戸を掘る。泥縄式の様さまを言う）の嘆きを免れ得ない。

十二月二十八日（月） 晴　朝、咸錫憲兄が五山から入京。午後、梧柳洞に出発。午後、市内に入り、優美館と総督府図書館に寄り、休暇中の生徒監督の任務を終え、登校して「ヨハネ文書研究」の教案を謄写して、帰途に風呂まで浴びたので、とにかく冬期聖書集会に出席できる準備はすべて整ったわけである。

印刷所に督促に督促を重ねた結果、正月号の三分の一だけ先に製本できたものから持って来て、零時まで発送の準備をした。

蒋介石氏が監禁されて二週間目の去る二十六日正午、無事南京に帰還したと。張学良は前非を悔いて中央政府の処分に服従するという報道を見て、中国のために喜びを禁じ得ない。

十二月二十九日（火） 晴　午前十時まで正月号の残部が出来上がる約束だったのが来なくて、市内に入って督促する。一部分を発送して市内書店に配達まで終って見ると、予定していた梧柳洞行の汽車の時間に間に合わなかった。午後二時の会合時間前に到着するために、永登浦までは汽車、次はタクシーに乗ってやっと遅刻を免れた。「新しい誡命」という題でヨハネ福音書第十三章により、今度の集会の趣旨と新年度の計画や、『聖書朝鮮』誌の今後の方針と併せて披露することをもって会が始まり、夕方は参加者たちと親しく話を交わし、夜の更ふけるのも気づかなかった。

十二月三十日（水） 半ば晴　例年に比べて気温が非常に暖かいのを互いに喜び合いながら、第二日目を迎えた。早朝に祈祷会。午前は「使徒ヨハネの生涯」、午後は咸錫憲兄の「教育講話」。教育問題を深く考えさせられた動機に、一同深く感激する。夜は問題百出、談論風発。

十二月三十一日（木） 半ば晴 しばらく、雪が降るか雨が降るかと案じたが、大した変動もなく気温は昨日と同様である。早朝に祈祷会。午前は「ヨハネ福音書」の序論。午後は咸兄の「聖書的世界観と教育」、それぞれ満二時間ずつ講じた。

【た】

【な】

【は】

索引

韓国無教会双書（全9巻　別巻1）

第1巻　＊信仰と人生　上　（金教臣）
第2巻　＊信仰と人生　下　（金教臣）
第3巻　山上の垂訓　（金教臣）
第4巻　＊日記1　1930-1934年（金教臣）
第5巻　日記2　1935-1936年（金教臣）
第6巻　日記3　1937-1938年（金教臣）
第7巻　日記4　1939-1941年（金教臣）
第8巻　信仰文集　上　（宋斗用）
第9巻　信仰文集　下　（宋斗用）
別　巻　＊金教臣——日本統治下の朝鮮人キリスト教者の生涯
（＊キリスト教図書出版社版の復刻）

本双書は当初キリスト教図書出版社から刊行されたが、同社創業者・岡野行雄（1930-2021）氏の死により全10巻構想のうち4冊で中断を余儀なくされた。その後、岡野氏と皓星社創業者・藤巻修一の生前の交友により皓星社が構想を引き継いで残された6冊を編集し、既刊と併せて装いを新たに出版することとした。

韓国無教会双書　第5巻
日記2　1935－1936年

2023年12月25日　初版発行

著　者　金教臣
訳　者　金振澤・他
監　修　森山浩二

発行所　株式会社 **皓星社**
発行者　晴山生菜
〒101-0051 東京都千代田区神田神保町3-10
宝栄ビル6階
電話：03-6272-9330　FAX：03-6272-9921
URL http://www.libro-koseisha.co.jp/
E-mail：book-order@libro-koseisha.co.jp

印刷　製本　精文堂印刷株式会社

ISBN978-4-7744-0808-8